陶百川全集(廿七)

中國勞動法先聲

三民書局印行

國立中央圖書館出版品預行編目資料

中國勞動法先聲／陶百川著.--初版.
--臺北市：三民，民81
面；　公分.--(陶百川全集;27)
ISBN 957-14-1840-4（精裝）

1.勞工-法令，規則等

556.84　　80004806

著　者　陶百川
發行人　劉振强
出版者　三民書局股份有限公司
印刷所　三民書局股份有限公司
地址／臺北市重慶南路一段六十一號
郵撥／〇〇〇九九九八－五號
初　版　中華民國八十一年四月
編　號　S 57070
行政院新聞局登記證局版臺業字第〇二〇〇號

ISBN 957-14-1840-4（精裝）

潘序

我的朋友陶百川同志。對黨義和法律都有很深切的研究。去年下半年，上海特別市黨部爲造就工會幹部人才起見，創辦了一個工會書記訓練所，由百川同志擔任法律常識這一門的講師。他把六個月間講義整理一下，成了這一册《中國勞動法先聲》，我讀後覺得他這種研究精神，非常可以佩服，因不揣固陋，也想寫一些關於中國勞動法的感想，作爲小小的貢獻。

百川同志這本小册子的好處，固然在於把中國現行的四種主要勞動法：一、工會法，二、工廠法，三、勞資爭議處理法，四、團體協約法逐一詳盡地作具體的研究，使注意勞工問題或從事勞工運動的人們，獲得確切的概念，而他的特點，尤在於提示兩點重要意義：一、勞動立法，是想用國家的力量來限制財產的絕對和契約的自由：二、中國勞動問題應從民族問題和民生問題上着手去謀解決。明白了這兩點根本意義，不但目前中國已有的勞動法的精神可以完全領會，就是今後陸續頒布的勞動法令，其趨勢和方針也可想像而得。何以知道這兩點是中國勞動法的根本觀念？只要略一檢討近代立法原則的演變和中國環境需要三民主義的事實，便可恍然。

先說立法原則罷。胡展堂先生的〈立法院開會辭〉，曾說：「離開三民主義，便不能立法，這是根本的要點」。又說：「中國向來的立法是家族的，歐美向來的立法是個人的：而我們現在三民主義的立法乃是社會的」。又說：「三民主義的立法，是以社會的公共福利爲目標」。並且認定中國目前在經歷長期紛亂之後，立法的方針有三種：一、社會之安定；二、經濟事業之保養發展；三、社會各種現實利益之調節平衡。關於財產問題，他主張「關於三民主義的社會立法政策，一方面就要限制財富之集積，一方面又要保障貧民之生活。依這一個方針，我們甚至要把歐美人之所謂自由契約，也都不能不置諸國家干涉之下」。關於勞動問題，他主張「勞動問題中最主要的是勞動條件，而勞動條件最主要的是工資和時間。……國家不能任企業家與工人任意處置工作時間問題，而必須以法律的力量，就於社會利益的標準，來干涉工人的工作時間，爲之規定一個最適宜的限度，同樣地，三民主義的立法，不能任資本家以最低的工資給工人，……同時亦不能任勞動者任意要求最高的工資，……必須就社會全體的利益，而以法律約束生產家與勞動者於相互有利的範圍中，然後可使再生產得不斷地發展而保障社會全體之福利」。

胡先生關於三民主義的立法原則的闡發，自然足以顯示中國現行勞動法及今後的勞動法的理論，原不必更贅一詞。不過近來個人自由主義這種時代落伍的學說，在中國經一、二拜金主義的學者的傳播，好像很走運很時髦，如果任其流傳，勞動法的前途未免要受著些阻礙，不得不借百川同志的書略爲補充幾句。個人主義，遠古不論，近代乃倡始於十七世紀，而大盛於十八世紀和十九世紀的初葉。自歐洲中世紀封建制度瓦解教會勢力式微以後，那倡言天賦人權的個人主義即代之而興。陸克和盧梭的鼓吹，造成一七七六年的美國獨立和一七八九年的法國革命，而法國的拿破崙法典就是個人主義的法律的結晶。牠所保障的是財產自由、契約自由、和自由競爭。流弊所及，資產階級藉個人自由爲護符。剝削勞動者的所得，榨取勞動者的汗血。而擴張他們自己的財富；反之，勞動者終日辛苦，啼飢號寒，曾無絲毫幸福。於是財富集中，階級對立，社會主義者奔走呼號，起而作改革社會的運動。德國俾斯麥首先想要遏止這種運動，乃實行社會政策，希望用國家的權力，作下列各種的設施：一、取締工場設備，二、規定最低工資，三、規定工作時間，四、勵行救濟事業，五、辦理勞動保險，六、提倡國營產業等等。不過社會政策和社會主義的立場不同，後者是要推翻個人主義的私有財產制度，而前者僅僅在私有財產制之下，設法緩和勞動者之反感而維護資產階級的利益罷了。但無論如何，十九世紀的下半期，立法精神的傾向已經漸漸由個人本位而轉移到以社會爲本位，這是可以值得注意的一件事。到了二十世紀，社會主義的國家竟以歐洲大戰的結果，在俄國實現起來，以無產階級專政的手段，收土地資本爲國有，但新經濟政策實行以後，已非復原來面目。在這裏，我們只要知道，不論資本主義的國家也好，共產主義的國家也好，在二十世紀的潮流中，國家的立法多少是包含著社會的色彩。勞動法在各國的逐漸發展，就是社會立法漸佔重要地位的一個明證，也就是十七八世紀個人自由主義到了今日已成時代落伍的學說的一個明證。三民主義的立法既然是社會的，既然是要謀社會的公共福利的，則在原則上說，勞動法自然是佔著重要的一部分。我們萬萬不可迷信了那一二個鼓吹個人自由的學者，走入歧路，以爲財產應該絕對，契約應該自由，因而忽視了勞動法的重要性，或甚至誤認爲勞動法足以阻礙中國產業的發展。

其次，說到中國的環境是否切需三民主義的立法。我們只要看胡先生所列擧的三件事：一、社會之安定，二、經濟事業之保養發展，三、社會間各種現實利益之調和，是不是目前中國最急迫需要的事情，如果大家認爲對的，則欲達此項目的，當然非有三民主義的立法不可，尤其非有以三民主義爲基本原則的勞動法不可。何以故？第一、要求社會安定，先要明白其所以不安定之故。在專制國家，社會安定於力之下，那就是以力服人；在古代講究人治的國家，社會安定於德之下，卽所謂以德服人。惟近代立憲的國家，社會應安定於法之下，就是一般所羨稱的法治。國民革命軍未出師北伐以前，中國社會，以軍閥的割據自私，遂致擾攘不寧。國民黨誓師北伐，以有主義的軍隊，掃除軍閥，討平叛逆，多少帶一些以力服人的色彩，不過這個力是革命的武力，是代表民衆的武力，而不是一個人的武力罷了。但軍閥掃除，叛逆討平以後，社會安定不安定呢？還是不十分安定。此固由於共產黨和土匪的搗亂破壞。而其大原因還是在於人民生活的艱難。求生不得，鋌而走險，民不畏死，自然不能再以死畏之，故武力到底不是安定社會的唯一方法，最後還有賴於法律。必須有良好的法律，足以促成生產的發達，達到分配的平衡，然後民困昭蘇，國富平均，家給人足，社會自然安定。第二、要經濟事業得到保養和發展，決非一句口號，一條政綱可以了事，一定要根據這個目標，具體地表現於法律制度，然後裁撤釐金，整理金融，改良幣制，擴充交通，開墾荒地，興修水利，禁止苛徵，保護貿易等等，可以使農工商業切實受惠，經濟自然繁榮。第三、要社會間各種現實利益相調和，則可見我們要社會安定，在目前不能專顧一方面，或但知幫助資產階級發展實業，而忘記了解除或預防勞動者的痛苦，或但知煽動無產階級的直接行動企圖專政，而忘記了根本脆弱的產業組織將不勝其摧殘。要左右兼顧，要勞資協調，自然需要有不偏不倚的三民主義的立法，尤其是三民主義的勞動法。

根據上面兩段簡單的演述，我們應該深信百川同志提示的兩點，即：一、勞動立法是用國家的力量限制財產的絕對和契約的自由，二、中國勞動法的精神是1.團結工人力量參加民族革命，2.增進工人知能，完成產業革命，3.改良工人待遇，實行社會革命，實在是洞中竅要的批評。

復次，我們似乎還應該略略檢討各國勞動立法的經過，再把中國勞動法作一簡單的比較。大概勞動法的種類，其所涉及的範圍，大要不外：一、關於工會組織者，二、關於工資或工時者。三、關於童工或女工者，四、關於工場設備或工人待遇者，五、關於失業救濟者，六、關於疾病死亡的救濟者等等。現在姑就這些範圍，一論各國的勞動立法。

近代產業革命發源於英國，故勞動法亦以英國爲比較完備。關於工會組織，在英國起初是禁止的。一七九九年頒布禁止集會結社法，直到一八二五年始行取消。其後幾經奮鬥，政府到底在一八七一年和一八七六年兩次頒布工會條例，承認工會爲法定團體。但一九〇一年國會決議，凡罷工後，雇主得向工會索取損失費，到一九〇六年國會通過工會糾紛條例，廢除損失賠償費，並准工會委員勸導工人同盟罷工，於是工會領導罷工權在英國是確立起來了。至於工廠法，則英國於一八一九年，就頒布工廠礦業條例，禁止九歲以下的幼童每日十二小時的工作；一八四四年另頒工廠條例，限制女工每日工作十二小時，童工日間工作十小時，初限於紡織業，到一八六〇年後，推行於他種工業，一八七〇年禁止十歲以下兒童在紡織廠工作。一八七八年併合而成工廠總律：一九〇一年重行修正，提高兒童年齡至十二歲，而對工廠衞生的檢查尤為注意。關於工資問題，一九〇九年頒布「工商委員會條例」，由勞資雙方代表組織工資委員會，釐訂苦力工人的最低工資；到一九一二年頒布最低工資條例，規定最低工資得由各地委員會釐訂，此為最低工資適用於一般工業的大進步。關於工廠設備及工人待遇，則一八九七年頒布條例，規定某種工業須採用工人災害賠償制，到一九〇六年遍及於各種工業，其後各國相繼仿行。關於失業則有一九〇九年職業介紹條例，由政府設立職業介紹所或勞工交換所，輔助失業職工。更有一九一一年的全國保險條例，強制施行失業和疾病的保險。此外關於改良教育的設施及兒童安全和年老津貼等，也都各有法律的規定。可見英國的勞動立法，已經過百餘年的歷史，而直到二十世紀開始，方漸完備。

要說到勞動法的先進國家，德國實不讓英國專美。一八八三年，頒布工人疾病保險條例，一八八四年規定廠主均須實行工人傷害保險；一八八七年，頒布法律，限制童工女工，訂定工時，並規定星期休息制；一八九一年，實行工人年老殘廢保險。此項勞工保險制度，較英國施行為早，在歐戰以前，幾經改良，收效很大。不但德國勞動者因此而得保障，就是德國的所以工業興盛，也未始不受到這些勞動立法之賜。

其次，說到法國。產業革命以後，貧富懸殊的現象。法國當然不免，故自一八七一年以後第三次共和國陸續頒布勞動法，其重要的如下：一、一八九二年的條例，限制女工童工，規定工人每日工作十小時爲度，每週須休息一天。二、一八九三年的條例，後於一九〇三年修正，注意到工人安全衞生的規定。三、一九〇〇年的條例，規定零售商店也須適用工廠律。四、一八八四年的條例，承認勞工組織。五、一八九二年的條例，規定勞資糾紛得由政府調解或仲裁。六、一八九八年的條例，強制雇主賠償因公受傷的工人。七、一九一一年實行年老給予津貼的制度。

其次，美國因爲聯邦，所以沒有統一的勞動法，但各州都各自斟酌情況，訂立通用的法律。工會的組織爲美國民法所許可，凡屬工會均得向政府註册，甚至受保護。工廠法中所定的工作時間，初爲每日十二、三小時，到一八四〇年，全國各工廠方一律定十小時的工作時間，現在已經減到八小時了。安全設備，則於一八七七年的工廠法中有詳情的規定。童工問題，大概十歲以下的兒童絕對禁止工作，十四歲以下的幼童，每日工作不得逾八小時。災害賠償各州雖陸續頒布法律，但以牴觸憲法之故，往往被法院宣告無效，直到一九一一年以後，各大州始能逐漸實行。至於老廢年金和疾病保險，則直到一九二〇年左右方有採用的，比較德國可謂落伍極了。

日本是一個追隨歐美的國家，產業革命後於西洋，但是勞動立法卻已大體俱備。工場法令頒布於一九一一年（明治四十四年），修正於一九二三年（卽大正十二年），限制女工童工的使用。健康保險法令頒布於一九二二年（卽大正十一年）。職業介紹法令頒布於一九二一年（卽大正十年）。勞動組合法草案提出於一九二五年（卽大正十四年）。勞動爭議調停法頒布於一九二六年（卽大正十五年）。可是日本勞動界到現在還沒有眞正得到集會結社的權利，至於罷工，更時常因違反治安法令之故而受到政府的干涉了。

現在世界上有整部的勞動法典的國家，當然是要推蘇俄。蘇俄自一九一七年革命以後，以社會主義共和聯邦自號，故於一九一九年就公布勞動法：後來因爲實行新經濟政策，又於一九二三年頒布新勞動法。其要點約舉如下：一、凡受報酬而服務的人都是勞工：凡欲雇用勞工，都須呈請當地勞動部所屬機關辦理。二、除法律所許可者外，國民於必要時都有受強迫工役的義務。三、勞動契約以雙方同意訂定之，惟其勞動條件不得劣於勞動法所規定的條件。四、各廠店或各機關的管理規則，應一律公告，並不得牴觸各項勞動法令及團體協約。五、官署規定各級勞工的最低工資。六、工時普通定爲每日八小時，惟未成年人及某種勞工得減少工時。七、限制女工童工的使用。八、規定每週必須休息一天，並一年間有六個節日的休假。九、規定工場安全衞生設備。十、職工有組織工會的權利，工會有代表勞動者的權利。十一、實行社會保險。

上面才算把現代幾個大國的勞動立法的歷史大略敍述過了。我們知道，最長的歷史也不過一百多年，最短的歷史則僅僅十餘年。返觀中國，勞動運動既然發生到如今不滿二十年，則勞動立法的歷史自然短促得很，而且在這戎馬倉皇的軍政時期方了之際，雖努力於訓政，其勞動立法的成績，無怪還看不到許多。若論到歷史，則當一九一九年（卽民國八年）國際勞工會議第一次大會開會的時候，中國始知有所謂勞動法。嗣後一九二三年（卽民國十二年）北京農商部頒布暫行工廠通則，此為中國名義上有勞動法的開端，但是此項通則，內容既然簡陋，北京政府又無推行誠意，實際等於廢紙。故中國眞正的勞動法，不得不有待於國民黨的創制和完成。

中國國民黨原是一個以保障農工利益為政綱之一的革命黨。很想以農工為國民革命的基本隊伍，故自一九二四年（卽民國十三年）改組以後，時時宣言促成農工的團結，維護、並增進他們的利益。第一次全國代表大會所定的對內政策，有一條就是制定勞工法改良勞動者的生活狀況，保障勞工團體並扶助其發展。第二次全國代表大會，更訂有改良工人生活狀況的具體條件十一條如下：一、制定勞動法；二、主張八小時工作制；三、制定最低工資；四、保護童工女工，禁止十四歲以下之兒童工作，並規定學徒制，女工在生育期內，應休息六十日並照給工資；五、改良工場衞生，設置勞動保險；六、在法律上，工人有集會結社言論出版罷工之絕對自由；七、主張普選；八、廣行工人教育，補助工人文化機關的設置；九、切實贊助工人生產的消費的合作事業；十、取消包工制；十一、例假休息，照給工資。單從這兩次代表大會的決議來看，中國國民黨的注意提高勞動者的地位和改良勞動者的生活，實在是無間始終，而其入手之方，當然是勞動法的頒布。

關於勞動組織的法令，一九二四年（卽民國十三年）國民黨總理孫中山先生以大元帥名義頒布工會條例，凡二十一條；一九二八年（卽民國十七年）中央黨部加以修正，另頒布工會組織條例；直至一九二九年（卽民國十八年）國民政府公布「工會法」，一九三〇年（卽民國十九年）公布工會法施行法，而勞動組織的法令始漸完備。有一點值得我們注意的，卽照工會條例，凡年在十六歲以上，同一職業或產業之腦力或體力之男女勞動者，家庭及公共機關之僱傭，學校教師職員，政府機關事務員，集合同一業務之人數在五十人以上者，均得組織工會，可見其所包含的範圍至廣。持以和蘇俄勞工法上所規定的相較，有些相彷。現在工會法，卻限於同一產業或職業之男女工人，方可組織工會，而經司法院的解釋又認爲此所謂工人不包含商店的夥友在內，於是向來各業店員曾依工會條例組織工會或職工會的，今後都要奉令取消，其影響於工運前途和勞動組織者，自然不是一個小小的問題。工會法的內容如何，恕我不作詳細的評論；不過平心而論，商店的夥友，要一律認爲與雇主站在同一地位的商人，他們加入工商同業公會，恐怕除了代表雇主行使管理權的如經理協理之外，事實上是沒有這回事的。其一，工商同業公會乃是以公司行號爲會員，而非以個人爲會員，公司行號的代表卽所謂會員代表，當然非雇主，或股東，卽經理或協理。就是勉強規定第三個代表一定要由店員互推，推出來的代表是否可以在同業公會中爲店員說話？果爾，則同業公會勢必成爲勞資雙方舌戰之場，亦決非公司行號所希望。故要做到勞資協調，與其硬使勞資雙方雜湊混合在一個團體之中，何如使他們各有正當的組織，反可開誠布公的協商。不過店員當然和工廠中的產業工人不同，似乎可以另為他們訂立一種組織法規，庶幾不致使他們窮無所歸而秘密從事於不合法的組織。

關於工廠法，則北京政府的暫行工廠通則既不實施，而國民政府克復武漢以後，工潮迭起，湖北政務委員會鑒於事實上的需要，乃於一九二七年（即民國十六年）春擬定湖北臨時工廠條例。凡二十三條。同年三月，國民政府克復上海，蔣總司令公布上海勞資調節條例，凡十五條，不但承認工會立案後為合法的集團，而且主張規定最低工資，最高工時，並規定增加工資，締結契約，休息給假，賠償傷害，改良設備等辦法。至一九三〇年（即民國十九年）國民政府公布工廠法，和工廠法施行條例，並定一九三一年（即民國二十年）二月一日為兩法施行日期。工廠法的內容完備與否，我亦不欲多論，惟在準備施行的時期，不能不有一言以促各方的注意的，至少有兩點：一、工廠法是全國應該一致遵守的法，如果實行時在某地方的環境之下有窒礙時，將如何補救？二、租界和領事裁判權的存在，常常足以妨礙我國主權的行使；將來實行工廠法是否可以一任租界內外商所辦的工廠不受節制？如果這兩點沒有妥善的辦法，沒有一致的應付，深恐工廠法的施行在勞動者還沒有得到多大的實惠，而本國工廠先受了一種不平等的待遇，以至於不能立足。

關於勞資爭議的法令，自國民革命軍北伐以後，各地方政府，隨時因地制宜，訂立頒布，以便應付。廣東方面，有一九二六年（即民國十五年）國民政府公布的組織解決雇主雇工爭執仲裁會條例和勞工仲裁條例：又有省政府一九二七年（卽民國十六年）頒布並修正的暫行解決工商糾紛條例，和解決工商糾紛補充條例，武漢方面，有一九二六年（民國十五年）政治委員會通過的解決湖北勞資問題臨時委員會簡章。上海方面，先有一九二七年（民國十六年）上海臨時政治分會公布的上海勞資仲裁委員會暫行條例，和上海解決工商糾紛條例：嗣有同年上海特別市政府公布的上海勞資調節委員會組織大綱和上海特別市勞資調節暫行條例。其他若南京，杭州，南昌等各大都市，也大抵都有類似的單行法規。直至一九二八年（卽民國十七年）六月，國民政府始公布勞資爭議處理法，規定處理爭議分調解和仲裁兩種程序，取半強制式的辦法。一九三〇年（卽民國十九年）國民政府把原法重加修正，另令公布，雖大體無所更變，而強制的仲裁裁決改爲無強制的效力。實行以來，仲裁會的裁決勞資任何一方可以聲明異議，其糾紛往往因而延長。此外還有關係重大的一點，卽職工會由店員組織，被司法院的解釋所限制，認爲非合法之勞工團體，不能依照勞資爭議處理法受理其所提出的要求條件，進行調解，於是往往釀成罷工停業的直接行動，而終至不能不由黨政機關爲之和解。凡此，也可以見得法律之爲物，實在有時要顧到事實，似非膠執成見所可行得通的。至關於團體協約的法令，最近國民政府方頒布了一種團體協約法，保障勞動者的團體契約權。用意甚顯，不必贅述。其他關於勞工教育，勞工儲蓄，勞工保險等等的法令，國民政府尚未有所頒布，只有期待將來了。

總之，中國勞動法，以言歷史，在世界各國當然爲最短；以言內容，當然亦不免粗略。不過中國勞動法所根據的理論上的原則，是世界上最完備的三民主義，故演之於實際，在法律條文上亦未必落伍。但是我們就可以因爲有了這些勞動法就滿意了嗎？須知徒法不足以自行，我們有了良好的法律，尤須有良好守法的人和行法的人。如何可以實行改善工廠設備？如何可以切實保護女工童工？如何可以規定最低工資和最高工時？如何可以普及工人教育？如何可以嚴密工人組織？如何可以調節勞資？如何可以發達生產？如何可以平均分配？凡此種種，均有待於一般同志，尤其是熱心勞工問題的同志的努力。百川同志素富研究黨義和勞工問題的興趣，而又有奉行法令的勇氣，深盼在這本小册子出版以後，繼續做他研究和推行的工作！

民國二十年一月　潘公展序於上海市社會局

自序

余早年讀律，竊怪所謂法律者惟爲富者強者謀保障，而置貧者弱者於不顧，以致「法律之前皆平等（All equal before the law）」一語，富者強者之間，或可適用，而貧者弱者則因財力才力之不勝，自不能與富者強者相平等，則惟有希望三民主義之政府本其自由平等之宏願，「高者抑之，下者舉之，有餘者損之，不足者補之」（《老子》）。所幸年來勞動立法，多所創制，承認工人互助之組織，干涉勞動契約之自由，藉以彌補社會之缺點，意至善也，殊可喜也。

民國十八年秋，余當選爲上海特別市黨部執行委員並兼民衆訓練委員會委員，職責所在，對於勞動法規多所研究。十九年夏，同人鑒於工會書記關係之大，因而有工會書記訓練所之設，由余講授「中國現行勞動法大綱」，每週二小時。積至半載，所編講義，逾五萬言。適張廷灝同志有勞工政策研究會叢書之輯，囑余將該講義改編成書，作爲勞工政策叢書之一；而大東書局經理沈駿聲先生等，又頻相催詢。不揣譾陋，刪繁補簡，輯成本書，而名之爲《中國勞動法之理論與實務》，余固其知名實之不甚相符也。世多鴻達，幸進而教之。

書成，承潘公展同志惠賜長序，並承張廷灝同志詳為校閱。敬此誌謝。

編者 二十年元旦

新序

六十餘年前，我在上海寫本書時，國內雖有勞動法通論介紹外國勞動法律的理論，但尚無論述國內勞動法典的著作，本書乃是初試啼聲，於是改其名爲《中國勞動法先聲》。

這「先聲」一詞，含有雙層意思：一是本書所論述的勞動法，乃是吾國有史以來第一套勞動法典；二是本書乃是坊間第一部論述吾國勞動法的著作。

來臺以後，我對勞工問題繼續留意和接觸，並稍有寫作，現選印一章，載於本書以供參考。所抱憾者，我因精力衰退，不能將本書內容多所增修耳。

著者　民國八十年一月

中國勞動法先聲　目錄

老問題新想法——臺北增補第九篇

緒論(一)

法是什麼

人是社會的動物，人不能脫離社會而生存。人，自幼而老，生於社會，衣於社會，食於社會，住於社會，終乃死於社會；所以在人類史上，我們實在找不到個人孤立的痕跡。

人既是社會的動物，人們的行動，爲社會全體的福利計，就不能不受相當的拘束和牽制。因爲社會之中，個人與個人，個人與團體，團體與團體，都有交互的作用；而類以維持這種交互的作用，使能演成社會生活的，則有種種的「規範」。沒有規範的社會，人自人，團體自團體，不獨交互的作用，不正確的進行，而社會的生存，也必發生極大的恐慌。因此，在原始的血族團體中，勞動的指揮和進行，遵守宗教的規範；後來社會進步，於是乃有道德的規範和法律的規範。所以法律可以說是一種「社會規範」。但是「徒法不能以自行」，沒有權威的法律，沒有強制性的法律，只能看做道德，不能叫做法律。法律必待國家以權力來執行，而後才能發揮「規範」的作用，所以法律乃是「以國家權力來執行的社會規範」。

法律既是以國家權力來執行的社會規範，所以法律至少包含四種性質：一是「應爲」，就是命令的規範：例如契約是應該履行的，不履行便有不利益的效果。二是「勿爲」，就是禁止的規範：例如不得殺人，殺人便有相當的刑罰。三是「能爲」：某種行爲，例如選舉，法律雖不強制人民行使，然若行使，卽生一定的效果。四是「可爲」：例如信教自由，既不強制人民信教，又不強制人民不信。

復次，法律既是以國家權力來執行的社會規範，國家當然要以實力來擔保其執行；方法有二：一、以身體上或精神上之痛苦爲擔保：例如對違法者加以刑罰。二、以法律上之不利益爲擔保：例如對違法者使其失權，使其法律行爲無效，使其受財產上之損失，或使其爲某種行爲，例如登報道歉。

法的進化

法律既是社會的規範，法律當然是社會的產物。社會是進化的，法律也是進化的。在社會進化的過程中，各種社會現象是互相聯繫的；某一種社會現象，不能完全離開別的社會現象而發生、發達、衰落和消滅。同樣，法律的進化，也不是法律孤獨的發生、發達、衰落和消滅。法律的進化，和經濟、政治，乃至倫理、宗教等現象，都是互相聯繫的；其中最重要的，便是經濟的現象，這與法律更有密切的關係。我們可以說，經濟是法律的內容，法律是經濟的形式；經濟是法律的基礎，法律是經濟的建物。經濟的變遷，常能引起法律的改造。然而法律的作用，也常能影響經濟的現象，或促其發展，或爲其桎梏。

原始時代，人類智識淺薄，無所謂法律；藉以維持社會的，只有宗教的信仰。迨後智識稍進，單純的宗教信仰不足維持社會的生活，於是乃有所謂「答布」（Taboo）者出現。答布，不是宗教的戒律，不是道德的訓條，也不是法律的禁令；答布，乃是宗教、道德、法律三者不分的原始習慣。答布，乃是原始時代的社會規範。到了農業時代，國家成立，王權興起，答布的作用漸失，神權的潮流漸退，而法律的雛形亦漸顯。在原始時代，法律託於神意，存於記誦，並沒有可覩的形體。這時，由於平民的奮鬥，法律的形體，已從無形法進爲有形法。自後依著經濟組織的變遷，法律也日漸發展，到了資本主義的時代，法律的主要象徵，便是二財產的絕對，和三契約的自由。前者是保障生產手段的私有；如法國民法規定：「財產權是以絕對方法享有並處分物的權利」。後者是指生產自由，勞動自由，自由競爭；一切人與人的法律關係，皆依個人的意志而成立，並依個人的意志而規定其內容，所以法典對於財產權有詳細的規定，而於勞動契約，則任資本家和勞動者的自由，坐視勞動者之被剝削而不爲之所。法典對於有產者所受的束縛，嚴厲消滅，而無產者的生存，卻沒有絲毫的保障。這種資產階級的個人主義的立法，近來激起無產階級的反感，於是遂有社會立法的運動。他們希望以國家的權力，限制或打破資產階級的個人主義的自由，以保障勞動者的生存權。這不能不說是法學上的大進步。

公法私法社會法

公法和私法，是法學上的舊名詞，社會法是法學上的新名詞，勞動法，便是社會法的一種。

法律，因其內容的區別，可以分爲許多類：

一、成文法和不文法　國家用書面制定而頒行的法律，就是成文法；不用書面規定，惟以主權者明示或默示承認有效的法律，就是不文法。法典和命令，經過制定頒布的程序，都是成文法；習慣、學說、判決例，與成文法有同等效力的，都是不文法。近世法學進步，社會複雜，成文法的成分日多，不文法的效力大減。

二、普通法和特別法　通行全國，爲國民人人可適用的法律，叫做普通法；限於特別之地方或特定之身分的法律，叫做特別法。憲法、刑法、民法等，都是普通法；工會法、工廠法、勞資爭議處理法，便是特別法。

三、強行法和任意法　法律所規定的法律關係，不許當事人以意思變更其內容者，叫做強行法；當事人得以意思變更其所規定的法律關係者，叫做任意法。例如刑法是強行法，民法是任意法。

四、主法和助法　規定法律關係之本體，即規定權利義務的法律，叫做主法；規定運用主法之程序的法律，叫做助法。例如刑法是主法，刑事訴訟法是助法。

法律，除了上述的種類，因其分類方法的不同，還有其他的種類；公法、私法和社會法，便是一個例子。

什麼是公法？什麼是私法？有人以爲目的在公益的法律，叫做公法；目的在私益的法律，叫做私法。有人以爲規定權力關係的法律，叫做公法；規定權利義務關係的法律，叫做私法。又有人以爲規定國家相互間或國家和私人間的法律關係的，叫做公法；規定私人間的法律關係的，叫做私法。所以憲法，行政法，刑法等，都是公法；民法，商法，破產法等，都是私法。

此外，還有一派學者，以爲規定國家生活的法律，叫做公法；規定社會生活的法律，叫做私法。國家是統治的形式，社會是經濟的組織。所以社會生活的法律，可以分爲三方面：第一是社會生活的法律之關於個人者；第二是關於社會生產交換制度之法律；第三是關於社會生產交換制度中掌握生產力的階級之法律。第一種是所謂私法，例如民法；第二種是經濟法，例如商法；第三種便是勞動法。換言之，第一種是和公法對立的私法，第二種和第三種，尤其是第三種，是公私兩法混和的部分，便是社會法。

（附載）法的分野與社會法的新境域

這裏以近時勞動問題爲中心，制定了無數社會的法規，都以公法法規的形式，深深侵入了從來的私法範圍，並且包圍著勞動法，益釀成了公法私法的交錯而在此形成了一個不可分的混合體。因此的結果，例如民法上雇傭的規定，已經不是從來的純正私法，卻有隸屬於公法法規之觀；他的私法法規的資格的存在，可說是已經漸漸的喪失其意義了。今日人們如果不解特別勞動法規，單想理解雇傭和其他私法法規，已經是不可能的事了。

然則這個公私二法混和的部分究竟應該屬於公法或私法的性質呢？或認之爲私法之由於公法的社會化而出者，故依然認他是屬於私法。這種觀察也是可能的。又和這種觀察不同，認爲是私法之由於公法所破壞者，故應屬於公法的範圍。這種觀察我想也是可能的罷。但是著者這種法規既不屬於公法，又不屬於私法，卻是獨立自成一派的東西，卽形成社會法範疇的東西。因爲在以上公私二法相交錯的部分裏面，這兩種法規實爲互不可分的一體，而實質上也是互相融合的。其中含著由舊來的私法上或公法上的法律理論不能夠理解的特殊法理之故。

如此在從來法律分野裏面劃出一個獨立的社會法的新境域，當然不可不預想會引起許多反對說。這些反對說的根據固然紛紛不一，但是大多數彷彿是立於以公法私法的區別爲最高法理的要求之舊來的見地。所以關於這一點有一駁的必要。

從來許多法律學者認公法私法的區別爲絕對的，所以別憲法國法、行政法、訴訟法、國際公法等爲公法，民法、商法、國際私法等爲私法。這好像也是法理上當然的歸結。但是這種區別原來並不是根據於最高理論的絕對的東西。

本來公法私法的區別，可以回溯到羅馬法學。當時烏爾拜奴期那種爲羅馬國家而存在的法律叫做公法，那種爲個人而存在的法律叫做私法。這是公法私法的名稱的濫觴。這種觀察在個人主義的法律思想之下才算正當。如果在像日耳曼那樣的團體思想強烈的國家，或在像現代那樣的社會思想旺盛的國家之下，這種觀察當然是不可能的。基耳刻曾說，羅馬人是個人意識最發達的國民。個人之絕對最高的觀念是常常支配他們腦筋的根本意識。他方面，他們因爲認識在各個人之上或和各個人離開的有羅馬國家的超人格之存在，所以更鮮明的意識和他對立的，也有個人人格之絕對的存在；於是國家與個人，國家法與個人法，公法與私法的絕對的對立觀念漸漸造成了。但是這種觀念，在今日集團思想之下不可採取，自不待言。我們不能夠離開個人觀察團體，也不能夠離開團體觀察個人。個人與團體並不是相對立的兩個存在，其實不過是同一存在的二方面的表現罷了。所以在法規之上，有的雖然是公法，同時也須爲私益而存在；同一理由，有的雖是私法，當然也不能蔑視社會公益的。原來法是不可分的一體，實質上不能分爲公私的。後代法學襲用公法私法的絕對區別的觀念，這不過是因襲使然，並不是因爲什麼最高法理的要求啊。試看今日稱爲私法的民商法之中也有公法的規定的存在，反之，稱爲公法的手續法之中，也有不少私法的規定，這些規定從來不過在形式上或隸屬於私法的範圍，或配置於公法的境域罷了。要之，對於公法私法的區別，附以絕對的意義，著者不能不置疑問的。這種區別似不過在區別法規的形式的效力的意義上，卽區分公法的法規私法的法規兩種效力上，可以認容罷了。

同樣的事實，在民法、商法、行政法等各法域之間，也可以承認的。現在關於勞動的法規各個形式的分屬於此等諸法域的結果，於是就發生種種不合理的事了；例如同是一個人雖做同種的勞動，卻有由以工場勞動者被傭的時候，在商人的地方勞動的時候，或以普通勞動者被雇於一般人的時候，而異其在工廠法商法民法等的適用。這種不自然的區別，本來是不合理的事啊。如果是服役於同種勞動的同一人，那麼應該不問其所在如何，爲同一法制的適用才是合理，如果僅僅因其從事的企業相異之故，或使他服從商法或民法的支配，那麼，至少在今日的勞動理論不可不說是一種不統一啊。這就是表示從來各法域的區分，在勞動生活的利益之前，漸漸喪失其權威的事實。也就是暗示此等法域間的分界，本來不是絕對的。進一步，於法律全般再一試根本的實質的區分，這是不可錯過的時機啊。

如上述，在現在的法律界以勞動法益爲中心造成了社會法的一個新境地。至於這個部分不是勞動關係法規的偶然的集積，而是依獨立固有的勞動理論所一貫的系統的全部，這是不用說的。

勞動地位的向上，自入本世紀以來，促進了無數社會法規的制定，喚起學者的視聽很多；因爲這種關係產生了在從來法律界所不得見的許多原理原則。勞動理論在今日非但做經濟學的對象，更進一步且做了法律學的研究題目。在這個中間，以這種勞動理論爲中心，公私各種法規互相抗爭融合，會形成一個勞動法域，這是不難了解的事。換一句話說，就是勞動法是超越從來的一切形式的法域，不爲分界所拘泥，也不爲系統所束縛，是由其獨自的勞動理論爲緯，由以此爲中心所制定的勞動法規爲經，所織成的獨立固有的法律科學。

緒論㈡

何謂勞動

如上所述，法律是以國家權力來執行的社會規範；這個社會規範，近來渲染了資本主義和個人主義的色彩，祇能保障有產階級的權利，不能維持無產階級的生存；於是發生社會立法的運動。社會立法運動的結果，國家制定許多的法律，保障勞動者的生存權。這些法律，就是勞動法。

以下，我們解釋：一、何謂勞動？二、勞動問題的起原。三、勞動者的痛苦。

勞動，有廣義的解釋，和狹義的解釋。廣義的解釋，是指人類有意義和有目的的肉體的動作或精神的動作。準此，則公務員的行爲，企業家的行爲，藝術家的行爲，律師的行爲，都該屬於勞動的範圍了。這當然不是勞動法上的勞動。勞動法上的勞動，是狹義的勞動，不是廣義的勞動。所謂狹義的勞動，至少具有左列各條件：

第一、勞動法上的勞動，有履行「法律義務」的必要。不根據法律義務的勞動，例如爲他人幫忙或含有慈善性質的勞動，或本人親自爲自己的事業所做的勞動，都不是勞動法上的勞動。

第二、勞動法上的勞動，有「根據契約」以履行法律義務的必要。所以同是根據法律的義務而提供的勞動，例如根據民法上親子關係的子之勞動，根據夫妻關係的妻之勞動，根據國民兵役義務的士兵之勞動，俘虜、囚犯、以及感化院收容者所做的勞動，雖係履行法律的義務，然非根據契約以履行，故亦不能認爲勞動法上的勞動。

第三、勞動法上的勞動，是「有償的」。無償的勞動，不是勞動法上的勞動。

第四、勞動法上的勞動，是「職業」的實行。所謂職業的實行，是以獲得生活資料爲目的的意思。所以拿運動或娛樂爲目的之勞動，科學家以研究爲目的之勞動，都不是勞動法上的勞動。

第五、勞動法上的勞動，是在「從屬的關係」實行的。所謂「從屬的關係」，是指某甲身分的或經濟的服從某乙的意志，而爲其隸屬部分的狀態而言。所以工人，鑛夫，水夫，火夫，以及農業勞動者，他們對於雇主都有從屬的關係，當然是勞動法的對象；即如店員，教員職員等精神勞動者，因爲也有從屬的關係，有時也可說是勞動法的對象。反之，沒有從屬關係的勞動者，例如醫生，律師，畫家等，雖然具有上列四項的條件；——「法律義務」，「根據契約」，「有償的」，「職業的」，但也不是勞動法上的勞動。

這樣看來，勞動法上的勞動，是根據契約上的法律義務，在從屬的關係上所實行的職業的和有償的勞動。這種勞動，可以依著各種不同的方法，分做各種不同的種類。從性質上說，有精神的勞動和肉體的勞動；從範圍上說，有指揮的勞動和執行的勞動；從品質上說，有熟練的勞動和不熟練的勞動；從雇傭上說，有獨立的勞動和不獨立的勞動；從性別上說，有男子的勞動和女子的勞動；從年齡上說，有成年的勞動和童年的勞動；從團體上說，有有組織的勞動和無組織的勞動。在這七類的勞動中間，每一類的前者，都比後者資產多，競爭少，生活穩固；反之，每一類的後者，都比前者資產薄，競爭多，生活不穩固。換句話說前七類是尋常苦痛的勞動，後七類是非常苦痛的勞動。所以現在的勞動問題的中心，少在乎前，實在乎後。

勞動問題的由來

「日出而作，日入而息，鑿井而飲，耕田而食」，「含餔鼓腹」，「擊壤而歌」；勞動者那有什麼問題呢？然而歐美各國，自從產業革命以後，勞動者就發生問題了；中國自從海通以來，勞動者也逐漸發生問題了。那些「盛世之風」，踏破鐵鞋，那裏還會看見呢！

原來歐洲各國，在十八世紀以前，一切生產事業，都是簡單的手工業。甲製造出來的衣服，可以向乙交換他所製造出來的麵包。社會上沒有什麼大資本家，也無所謂勞動者。等到後來機器發明，企業家多用機器來代替人工。從前老嫗的手紡車，現在變爲紡織機器，鐵匠的小店舖，現在變爲鐵工場，汽船火車，代替了帆船荷車，電報電話，代替了驛人信差。從前的手工業者給機器壓倒之後，大家只得投入工廠，變成煤鐵的奴隸，零售他們的血汗。但是機器的力量，遠勝人工的力量；從前要用一二百人做成的東西，現在用了機器，一二人就可做成。於是工人過剩，失業日多。失業一多，工資愈低，工資愈低，資本家的利潤愈厚。所以失業者固然流落他鄉，哀號求食，卽有業者也幾乎不能維持其生存。而資本家卻敲骨吸髓，百端榨取，簡直以勞動者爲機器、爲牛馬、爲生產的工具。到了這步田地，勞動問題就很自然的發生了。

勞動者的痛苦

勞動者自己沒有機器，沒有資本，不能經營企業，和有機器有資本的企業家競爭；結果只得投入工廠，零售血汗，拿勞力當作商品，賣給有錢的企業家，博取些須的工資。這其中，顯然有難以形容的痛苦，茲述其最甚者七種：

第一種痛苦，是童工和婦女勞動。產業革命後，一方面，人工過剩，工資低落；一方面，採用機器，工作簡單。結果，一方面，工資低落，一人所入，不足贍養家庭，不能不待妻兒的幫助；一方面，工作簡單，不熟練的兒童和婦女，也能加入工廠，從事生產。於是就有成千成萬的婦女，離開家庭，而七八歲，甚至五六歲的兒童，也都跑到廠裏去做工。這在婦女和兒童的精神上及肉體上，固然遭着極大的苦痛，而在別方面，對於成年男子勞動者，因有了新競爭者，往往被資本家壓低工資，甚至失業。

第二種痛苦，是工錢過少。勞動者的工錢，最低限度，應使足以維持一家的生活。但是事實上，因爲有了兒童、婦女，和失業工人的競爭，資本家不肯把工錢增加，有時甚而減低。工人的工資，簡直不能維持「像人的生活」。

第三種痛苦，是勞動時間過長。產業革命之初，勞動者往往從事每日十三四小時，甚至十六七小時的工作。後來經過「三八制」的運動，工作時間，逐漸減少；但截至現在，國際聯盟所議決的八小時工作的原則，還有許多國家不肯批准。工作時間過長，於勞動者的健康，當然大有妨礙。至於從事夜工，那更能摧毀勞動者的身體。

第四種痛苦，是工業上的危險。資本家的目的，是賺錢；所以生產費用，竭力減少，工廠設備，惡劣不堪，防止災害的設施，一點也不講究。所以工業上的危險，常常發生；勞動者一不小心，就成殘廢或死亡。

第五種痛苦，是工廠規則的嚴苛。工廠規則，沒有經過官廳的批准，勞動者更沒有參加意見的餘地，那簡直是束縛勞動者的鎖鍊。勞動者的自由和人格，往往給工廠規則剝奪得乾乾淨淨。

第六種痛苦，是失業。失業，是資本主義社會中，經常的現象；不獨失業的人，無法安插，就是在業的人，隨時多有失業的危險。資本家對於失業的勞動者，不獨沒有絲毫的同情和憐憫，有時還要故意造成失業的現象，使社會增加許多「勞動預備隊」，而資本家乃可減低工資，隨意選用。

第七種痛苦，是疾病和死亡。以上各種痛苦，都足以促進勞動者的疾病率和死亡率。此外，勞動者還有一種職業病，例如中毒，肺病，電死，壓死、軋死，跌死等。勞動者工作過度，營養不足，而又整天住在不衞生的工廠和住宅，自然容易生病，生病不能好好的醫治，自然容易死亡了。

勞動立法的意義

何謂勞動法

在產業革命後，資本主義的生產機關中，勞動者所受的痛苦，已如上述。同時，就有許多學者，提出「勞動神聖」的口號，喚起勞動階級的覺悟，促起資產階級的注意。其中最有力的，便是社會主義的健將馬克斯。他的剩餘價值論，就是解放勞動階級的利器。餘如恩格斯、聖西門，也都擁護勞動神聖的主張。便是提倡個人主義的亞當斯密，也不能否認勞動神聖的事實。亞當斯密曾說：「各國民年年之勞動，乃供給其年年所消費之必要品和享樂品的根本也」。「各人享有自己勞動之結果——財產權利，爲一切權利之基礎，最神聖而不可侵犯者也」。卽此可見十八世紀之末，勞動神聖的主張，已爲個人主義派和社會主義派所公認。勞動者，一方面爲種種痛苦所壓迫，他方面又受許多學者的宣傳，於是鼓動勇氣，對於層層的壓迫，提出嚴重的抗議。比較開明的政府，知道潮流所趨，不能頑抗，開始在勞動者最低的待遇與最高的功績之間，求個調劑的方法。於是勞動法乃應運而生。

什麼叫做勞動法？籠統的說，勞動法是關於勞動的法律；具體些說，勞動法是以國家權力來執行的勞動社會的規範；更具體些說，勞動法是規律勞動關係及其附屬關係的法律。

什麼叫做勞動？前面已經說過：勞動法上的勞動，必須是「法律義務」的，「根據契約」的，「有償的」，「職業的」，「從屬關係」的；換句話說，勞動法上的勞動，是根據契約上的法律義務，在從屬的關係上所實行的職業的和有償的勞動。什麼叫做「勞動關係」呢？凡勞動必有授受的兩方面。授勞動的叫做被雇者，受勞動的叫做雇主。勞動關係，就是雇主和被雇者勞動授受的關係；明白的說，就是雇主和被雇者間的契約關係。這樣說來，勞動法——規律勞動關係及其附屬關係的法律，假使刪去「及其附屬關係」這個附加語，那麼勞動法，很簡單的，就是規律雇主和被雇者間之契約的法律。

但是，勞動法的涵義，並不這樣簡單；勞動法是規律勞動關係及其附屬關係的法律。所以，勞動法不僅是一種勞動契約法，例如工廠法；凡是規律雇主和被雇者間的一切附屬關係的法律，如工會法，勞資爭議處理法，職業介紹法，勞動儲蓄法，勞動保險法，勞動者保護法等牽涉勞動關係的法律，無一不在勞動法的範圍內。

勞動法發達的歷史

勞動立法是救濟資本制度之弊害的社會政策；所以要知道勞動立法的歷史，不能不從英國說起。英國是老牌的資本主義的國家：在英國，產業革命的發生最早，資本制度的基礎最深，工廠制度的發展最速，工銀制度的弊害最烈；因之，勞動運動的進行最早，而勞動立法也就不能不早日實行。例如工廠法——最根本而又發生最早的勞動法，便是英國所首創。

英國最初的工廠法，是一八〇二年的《工廠徒弟健康及道德條例》。其後一八一九年，規定工廠勞動的最低年齡爲九歲，兒童勞動的勞動時間爲十二小時，自後續有修正，到了一八五〇年，政府又制定限制工廠勞動工作時間的法律。不過當時工廠法適用的範圍，祇限於紡織工廠等特殊工廠，自一八六〇年始適用於一切工廠。一八七四年，而工廠法始備。自後又經過許多次的添補修改，遂成今日的現行法。英國頒布最初的工廠法（一八〇二年）以後，其他各國的工廠法也相繼頒布：法比二國發端於一八一三年，瑞士發端於一八一五年，德國起源於一八三九年，意大利起源一八四三年，俄國起源於一八四五年，日本起源於一九一一年。現在一切資本主義的國家，差不多沒有一國沒有工廠法的存在了。

勞動法，例如工廠法，發生雖早，而進行甚緩。原因：第一因爲國際交通的便利，第二因爲大量生產的進步，第三因爲種族優劣的偏見，第四因爲生產方法的類似，於是許多國家，爲了在國際上保持經濟的安全起見，在有些場合，都不肯輕易制定保護勞動的法律（因恐影響本國的生產），而以取得他國共同立法爲條件。結果遂有國際勞動立法的運動。醞釀復醞釀，直至歐戰後的巴黎和約，這種運動，才算成熟。

巴黎和約中有所謂「勞動約章」者，包含下列九個原則：

一、勞動不能視作商品或貨物。

二、雇主及傭工在合法的範圍內，都有平等的集會結社的權利。

三、工人所得工資，應斟酌其本國之情形，與其時之狀況，維持其適宜的生活。

四、一日工作八小時，或一週四十八小時的規定，應設法通行。

五、一週之內，至少應有二十四小時之休息；如屬可能，則以星期日爲休息日。

六、廢止兒童勞動，及限制幼年勞動。其限制之程度，應使其能繼續求學及發達其體力。

七、無論爲男爲女，等値的工作，應得等値的報酬。

八、一國法律所定勞動條件的標準，對於合法旅居的客籍工人，應加以相當的注意，使得享受經濟上平等的待遇。

九、各國應設工場監督制度，並使女子參與，以實行其保護工人的法律。

巴黎和約又規定成立一個國際勞動機關，分爲二部：一是立法性質的國際勞動大會，一是執行性質的理事會，而以國際勞動事務局爲其常駐的辦事處。國際勞動大會是由國際聯盟會員國各派代表四名（兩個政府代表，一個雇主代表，一個傭工代表），組織而成。至少每年開會一次。以三分之二的同意票，成立改進勞動的建議或草約。國際勞動大會閉會後，最高的機關，是理事會。理事會的理事，最初是二十四人，後來改爲三十二人，內有十六人爲政府代表，八人爲雇主代表，八人爲傭工代表。理事會設勞動事務局（亦稱國際勞工局）局長一人，主持日常事務。各國得設分局；中國的分局，本年亦已成立。

勞動立法的原理

上面，我們曾說：在資本主義的時代，法律的主要象徵，便是一、財產的絕對，和二、契約的自由。前者是保障生產手段的私有，後者是指生產自由、勞動自由、自由競爭。這些觀念，表面看去，似乎正大光明，實際上完全是在幫助少數資本家以壓迫大多數的勞動者。試以自由競爭爲例：今有一工作，甲工人每日有二元的工資可以勞動，乙工人因無工作的緣故，每日一元五角的工資卽願勞動；甲工人見乙工人要奪他的地位，不得不降格相從，減至每日一元，卽願勞動。如此工人與工人自相競爭，工人的生活日苦，而資本家的利潤日多。這不是幫助資本家以剝削勞工麼？又如契約的自由，這也是吃人的學說。勞動契約的締結，在名義上，雙方自由，非常公平，而實際上則資本家可以自由，而工人不能自由。在工人方面，工作與否，是生死的問題，是有飯吃無飯吃的問題；在資本家方面，開設工廠與否，是發財不發財的問題，是得利多少的問題。所以勞動契約中，兩方面的經濟地位不同，行使自由權的能力，當然也大有差別；工人因受經濟的壓迫，那裏能夠自由選擇工作，自由規定勞動時間呢！所以在契約自由的原則下，工人的自由是假的，而資本家的自由才是眞的。這又不是法律在幫助資本家以壓迫勞工麼？

由是這種個人主義的資本主義的法律，當然是社會立法者所反對的；勞動立法，就是想用國家的力量，改良雇傭的關係，而對於自由契約，加以限制。於此，個人主義者，一定起來反對；因爲個人主義者，主張財產的絕對和契約的自由，而勞動立法則是限制財產的絕對和契約的自由。同時，社會主義者，也一定起來反對；因爲社會主義的要求，是要根本的改造現代的私有財產制度，把一切生產工具，收歸國有，而勞動立法卻不主張根本的改造，僅僅主張零碎的修補。然社會立法者，認爲個人的環境，個人的成功，不外乎社會的反映。國家是社會的強力，國家的干涉，常有助於社會的發達。個人是社會的先驅，社會的事業，全有賴於個人去努力。所以社會立法者，既不完全的贊成個人主義，說個人所得的財產，應該個人所有；又不籠統的附和社會主義，說個人所得的財產，應該國家所有。他們只是想把個人所有的財產，重新按個原則去修正，以除去資本制度的流弊。勞動立法，便是這種社會政策的一種。

(附載一) 勞動立法的學理基礎

社會制度，是不能無缺恨的。資本制度，更是不能無缺恨的。所以在社會制度發生缺恨的時候，便有社會立法。在資本制度發生缺恨的時候，便有勞動立法。換句話說，就是勞動立法，是醫治資本制度的藥。所以凡是資本發生缺恨的國家，沒的不有勞動立法的。因爲這樣，所以英國在一八〇二年便有老弼爾的工場健康及道德條例（Older Sir Robert Peel's Act）法國在一八四一年三月便有幼工童工保護法。德國在一八三九年便有礦山工場法。這不過略舉幾個例，以後還須詳敘。至於中國，原本就是一個工業最退步的國家，一般的勞動工人，在社會上還沒有很強固的組織及勢力。因此，勞動立法，政府還不認爲急切。不過到了一九二三年，因爲上海的環境的要求太劇，農商部也就不得不於三月二十九日，公布工廠暫行條例，於此可見勞動立法的重要。不過現在我們除了研究勞動立法本身而外，還須進一步的，出而求其學理的根據，一則因爲學理是立法的指導；再則因爲勞動立法，是社會改良主義的產物；三則因爲如果不懂得社會改良主義，便不懂得勞動立法的精義。

勞動立法是什麼?勞動立法就是想利用國家的力量，改良雇傭關係，而對自由契約，加以限制。因爲這樣，所以他的存在，便大爲極力擁護自由契約的個人主義，和極力想推翻他的社會主義所反對。不料到了後來，因爲這兩派極端的衝突的結果，勞動立法，反轉得到了一個調和要挾的根據。這個根據便是方興未艾的社會改良主義。現在我們爲了便利起見，且不述社會改良主義的精神，先敘述個人主義和社會主義所以反對勞動立法的學理根據。

個人主義是以個人的利益作基礎的。他的根本觀念，是個人是社會的實在，社會是個人的集合。所以社會的利益，不能外乎個人的利益。因此，個人的利益，便不能不說是社會的利益。但是個人的利益，只有個人知道得最詳細，因此，社會的利益，也只有讓諸個人去解決，國家是不能爲力的。因爲這樣，所以個人主義，便對私有財產制度，和自由契約制度，極力擁護，決不許國家來干預。

我們知道，個人主義的論據，純粹是由於個人自決的觀念。換句話說，就是個人所作的事業，個人負責。如果個人的成功與失敗，統要讓諸社會去干預，那麼從成功一方面說，就是社會無功而受責，從失敗一方面說，就是社會無罪而受罰。所以由個人的努力而獲得的財富，絕對應該讓諸個人去使用、處分、及收益，絕不能讓諸國家干涉。這便是個人主義從個人自決的觀念上反對勞動立法的論據。但是這個主義，卻大爲社會主義所反對。可惜同時社會主義，也極端的對勞動立法大施攻擊。

社會主義中，原本分出兩派。從財富的分配上說，一派是主張共同生產共同消費的，叫做共產主義；一派是主張共同生產私的消費的，叫做半共產主義。但是他們這兩派的主張，都是對勞動立法大施反對。

共產主義認爲個人是社會的產物，個人的成功與失敗，統統都是社會給與他的機會，因此，統統都應該社會負其咎。至於個人的貧富，那更是社會的責任。因爲這樣，所以個人所有的一切的財產，統應該社會去享受，因此應該國家去支配。換句話說，就是共產主義，是主張完全的打倒私有財產制度，完全的推翻自由契約制度，而不主張像勞動立法式的不徹底的改革。

從此可知，共產主義所反對勞動立法的理由，剛剛與個人主義的立足點相反。因爲個人主義的根據，完全是說社會的財產，是個人的力量所得的，因此應該個人去享受。社會主義的根據，則完全說是個人的財產，是社會的力量所得的，因此應該社會去分配。所以個人主義便不主張國家干涉個人，社會主義便不主張個人干涉國家。但是兩個的結論，卻是同樣的反對勞動立法的調和論調。

還有一個反對勞動立法的，就是社會主義。社會主義的論據，是勞力爲一切財產的親生父。因此，他不主張共同生產，共同消費；而只主張公的生產，私的消費。換句話說，就是按照個人勞力的多少，以爲消費的標準。

社會主義認爲人類的幸福，是財富。但是財富的造成，完全是原於三種要素的結構：一天然，二資本，三勞力。然而在這三種之中，天然與資本，都是不應該私有的。第一、因爲天然爲上帝與人類之恩惠物，非人之所得而私。第二、資本爲過去生產之結果，亦非現在之人民所得而享受。所以土地與資本（包含一切的生產器具），統應歸諸國有。獨有現在的財富，應該歸功於現在的勞力，所以應該歸諸勞動者去消費。本此理由，社會主義也對勞動立法大施反對。

關於上面這兩大派對於勞動立法所反對的理由，本文不願一一加以批駁；因爲專於批駁這兩大派的主張，原不是幾句話所可說得詳細的。不過本文爲了明瞭這兩大派的歷史的價值起見，也採用了一種客觀的態度，約略的將這兩派的經過情形，敍述一遍，以便引起新近的第三派的折衷調和的社會改良主義。這個主義，上面已經說過，就是勞動立法的根據。

本來個人主義在歐洲的歷史上，是個最老的學派。他的時代，已成過去。因爲歐洲自從十八世紀的產業革命發生，社會上漸漸的產生了資本階級——一般叫做中產階級。這個階級的利益，純粹是以發達資本制度的大企業爲中心的。然而當時的環境，卻是與他們的利益，處處相反。一者，當時的特許公司及同業組合最多；再者，當時勞動者的團結，漸漸勃發；三者，當時的原料關稅和穀物關稅，都是很重的。所以當時的個人主義便極力擁護私有財產制度，因而對這三個壓制，加以抨擊。湊巧在這時候，極端的自由平等主義又在法國獲勝，所以在一八三〇年左右，這一批的抱負遠大的中產階級便利用個人主義的學說。一進而在政治上獲得權勢，再進而用政治的勢力打倒一切的資本制度企業的束縛。因此英國的中產階級自從在一八三二年政治上獲得以財產爲資格的參政權利以後，於一八三五年便起而打倒同業組合的特殊權利，於一八四六年又復起而打倒穀物的條例。因此在一八九九年便又有集會結社禁止令的頒布。至於法國的中產階級，那是更爲得利。因爲法國在一七九一年時候，老早也就有了勞工結會的禁止法令，並且於一七九八年又復有廢止同業組合的特權規定，其餘諸國隨時間之不同，而有先後的中產階級在政治上取得權利解放資本的事實。所以十八世紀末及十九世紀初的時候，個人主義便在政治上和社會上獲得最高的崇拜。所以當時提倡個人主義的健將，如像亞當斯密、李嘉圖、馬爾薩斯、馬加洛克、辛尼爾、凱尼斯、等等人物，也就在歷史上備極一時之盛。不料到了十九世紀中葉，社會的情勢大變，於是個人主義便先後爲一般學者所反對。因爲按照十九世紀的實在狀況，在經濟上的需要已經不是資本的解放，而是勞動的解放了。現在我們把當時的社會經濟的狀況，分析如後：

一、因爲產業革命的結果，資本制企業產生，大量生產發達，社會上忽然顯出二階級：一方是富力萬能的資本階級，一方是窮苦難生的無產階級，或勞動階級。

二、社會上亦隨現代文明的進步，發達，而呈富力萬能的狀態，人生的幸不幸，全以財富之多寡爲斷。

三、於是資本家便恃其財產之威力，以壓迫貧寒，尤其是壓迫勞動階級。因而勞動階級在雇傭契約上所受的種種的不平的待遇，便悲痛不可言狀。

四、但是當時由個人主義所覺醒的自由平等思想，卻漸與勞動神聖的觀念結合，而喚醒了勞動階級的覺悟。一者對不公平的勞動待遇，提出抗議，再者對自身的團結，極力鞏固。

五、於是一致相信，現在的經濟社會的種種不平等的現象，是源於財產私有的罪惡。

因爲有這五種事實，所以個人主義的主張，如個人自決主義，如國家放任主義，便爲一般學者所攻擊。這個攻擊的先聲，便是社會主義。社會主義的根本要求，就是要想推翻私有財產制度，而代之以公有財產制度，至少亦須生產手段公有。而主張這種學說的先驅，就是摩爾、渦文、湯卜森、巴比夫、加伯特、聖西門，蒲魯東、馬克斯、恩格斯、羅伯爾圖斯、拉薩爾等等人物。就中尤以馬克斯、羅伯爾圖斯及拉薩爾三氏爲中堅分子。不過現在我們最不可忽略的，就是現在的勞動階級的苦痛，已經不比一八四八年共產黨宣言發表時的劇烈了，因爲就是馬克斯的嫡系考資基於一九〇六年的共產黨宣言的序文中，也有同樣的論據。他說：

共產黨宣言發表的時候，無產階級的墮落，可謂悲慘已極。如工資的下落，勞動時間的延長，肉體的和精神的頹敗，均是他的特色。但是現在的無產階級則異是。因爲現在的無產勞動者的所有，反視有生活基礎的勞動者爲優。

就因勞動階級的境遇，有逐漸改良的狀態，所以在歐戰以後，馬克斯的預測，便有兩重大失敗：第一、馬克思說，按照現在的資本制企業的趨勢，一定是富的愈富，貧的愈貧。但在大戰以後，勞動階級卻獲益不少，工資也逐漸提高了。第二，根據馬克斯的科學的推算，以爲社會主義實現最早的國家，一定是經濟制度最完備的國家，他以爲理想的實現，一定在英、法、德、美。殊不知反轉發生在經濟制度極不完備的俄國。這都是社會主義的根據發生動搖的地方，因爲社會主義認爲私有財產制度之下，勞動階級的苦痛，決無改進的餘地。不料在事實上所得的結果剛剛與他相左。綜括來說，就是個人主義的時代，雖說已成過去。然而社會主義的根據，卻仍是不免薄弱。因爲這樣，所以一八七二年十月，便有社會改良主義產出，而主張這派學說的領袖，就是薛磨拉、華格納、布棱他諾、郗特不蘭、康拉德、紐滿諸位教授。

社會改良主義認爲社會是個人的環境，個人的成功，不能外乎社會的反映。國家是社會的強力，國家的干涉，常有助乎社會的發達。個人是社會的先驅，社會的事業全有賴乎個人去努力。

所以社會改良主義，既不完全的贊成個人主義，說個人所得的財產應該個人所有，又不籠統的附和社會主義，說個人所得財產應該國家所有，而只是想把這個個人的財產，重新按個原則去修正。不過這個修正，不獨爲社會主義所不明白，就是個人主義，亦多反對。所以亞當斯密說，靴的生產當歸功於靴工的勞力，其實說來，這個意見全是錯的。因爲如果沒有靴工以外的幫助，假如沒有農人的米，工人的炭，連靴工自己的生活，也都沒法解決，何況還是靴工的生產呢？

本著上面幾個根本觀念，社會改良主義認爲解決勞動問題的方法有二：一是自由的，一是強制的。前一個就是以個人的自由及法律的平等爲基礎，崇獎個人的團結，以達其自助及自衞的目的。後一個就是如果在個人團結所不及的地方，則以國家的權力爲基礎，以除去資本制度的種種流弊。這兩個觀念在勞動立法上的表現，第一個就是關於團體協約的，第二個就是關於工資、時間、衞生等的直接取締的。凡此二點，在後面都須詳述。至於關於解決勞動問題的私人方面的努力，社會改良主義也是極所欣願的。

（附載二）民生主義與社會改良主義的比較

近世資本制度，是建築在兩個柱石之上的：一個是私有財產制，一個是私營企業制。資本制度，以這兩個柱石爲基礎而成立，資本制度的弊害，也從這兩個柱石而表現。在私有財產制之下，一方面是所有財產，靠財產所得而生活的資本階級，別方面是沒有財產，靠勞動所得而生活的勞動階級。這兩個階級的對立和軋轢，遂使資本制度的弊害，充分表現。在私營企業制之下，企業家一方面以生產者的資格，剝削消費者，別方面以企業主的資格，剝削勞動者。消費者和勞動者越被剝削，他們的利益就越能增加。這種現象，就是表示資本制度，是爲資本階級而存在，爲資本階級的利益而存在，對於社會上大多數的人民，沒有多大的利益可言。因爲這兩個原因，所以反對資本制度的人，都是向著私有財產制和私營企業制這兩個柱石下攻擊，而擁護資本制度的人，也就這兩個柱石施防禦，就這兩個柱石所產生的弊害進行改良。

無論怎樣熱心擁護資本制度的人，對於資本制度事實上所表現的弊害，卻不能不承認。他們要維持資本制度的存在，要避免對於資本制度的攻擊，就要使資本制度的弊害，逐漸減少和緩和。應著這個必要而生的，就是社會政策，（也叫社會改良主義）在稅制上，加重財產所得稅，減輕勞動所得稅，以累進率賦課遺產稅，以及賦課土地自然增值稅；在社會設施上，設立救貧事業，都是要和緩私有財產制的發生弊害；製定工場法，取締工場，限制工作時間，承認團體契約制，規定最低工資率，以及公營自來水、電燈、瓦斯、電車、鐵路等產業，就是要和緩私營企業制所發生的弊害。但是社會政策的主動者，不是在資本制度之下受壓迫的痛苦民衆，而是在資本制度之下享受利益的特權階級。社會政策的執行者，是國家和地方團體，而資本制度之下的國家和地方團體，又大概是資本階級的御用品。社會政策的主動者和執行者，既然都是資本階級，社會政策，當然對於資本階級，有直接間接的利益。所以社會政策，雖然直接作用能爲勞動階級實現些許目前的利益，而其最後目的，卻在維持資本制度的生命。這和民生主義的目的，決不相同。

從民生主義的辦法——節制資本和平均地權觀察，民生主義，確實類似社會政策。但是節制資本和平均地權，不是民生主義的全部，乃是要達到別種目的的一種手段。以其節制資本和平均地權就是民生主義，就和以爲公有生產手段和公營企業，就是社會主義，同屬於一樣的錯誤。民生主義的理想，是共產社會，平均地權和節制資本，不過是要達到共產社會的一種辦法。總理說：「民生主義，就是社會主義，又名共產主義」。又說：「民生主義，就是共產主義，就是社會主義，所以我們對於共產主義，不但不能說是和民生主義相衝突，並且是一個好朋友」。又道：「三民主義中的民生主義，大目的，就是要衆人能夠共產。」從這些話看來，可見得民生主義的理想，就是共產主義了。然而共產主義，是和資本主義相衝突的，共產主義的社會，是要打倒資本制度，才能成立；民生主義的理想，既在建築共產社會，第一步就非打倒資本制度不可。雖然民生主義打倒資本制度的辦法，應看中國特殊情形需要，採取漸進的、改良的方式，然而其目的既在打倒資本制度，就和以維持資本制度爲目的的社會政策不同。

復次，社會政策的主動者和執行者，都是資本階級，前面曾經說過，所以社會政策，不是革命的。民生主義，是三民主義的一部，而三民主義，是被壓迫的痛苦民衆自求解放的指南針，是指導痛苦的民衆鬥爭的原則，是建設新社會的指標，所以三民主義中的民生主義，都是革命的主義。民生主義的主動者，是被壓迫的痛苦民衆，他的執行者，是被壓迫民衆得到解放後或在解放過程中所組織的新國家。就這一點看，民生主義也和社會政策不同。

中國勞動問題和勞動法

中國勞動問題的特性

中國本來是個農業和手工業生產的社會；國民經濟完全建立在農業生產和家庭手工業生產。生產者大半爲獨立的企業家，且握有相當的資本、器具和原料，自己製造出來的貨物，即由自己販賣；其勞動方法和身體意志，不受人家的干涉和限制。又加以家庭的親誼，主從的親密，師生的情感，正所謂出入相友，守望相助，疾病相扶持。所以勞動者——包括農民，非常自由愉快，而社會上也不知有所謂勞動問題者。到了鴉片戰爭後，帝國主義的勢力，衝進中國農業生產和手工業生產的社會，於是通都大邑，逐漸發生外國人所經營的新式工廠；而中國固有的手工業，因爲受了洋貨的壓迫，也就宣告破產。從此以後，失業的問題，勞資的爭議，許多產業社會的病態，開始流行於中國；所謂勞動問題者，逐漸引起國人的注意了。

據二、三年前的調查，中國勞動者的人數，大致如下：

一、產業工人的統計

1紗廠	二八〇、〇〇〇
2絲廠	一六〇、〇〇〇
3礦山	五四〇、〇〇〇
4海員	一六〇、〇〇〇
5鐵路	一二〇、〇〇〇
6運輸（碼頭）	三〇〇、〇〇〇
7五金	二〇〇、〇〇〇
8建築	八〇、〇〇〇
9電氣	九〇、〇〇〇
10交通	二五〇、〇〇〇
11市政	二五〇、〇〇〇
12鹽業	四〇、〇〇〇
13煙業	六〇、〇〇〇
14糧食業	五〇、〇〇〇

15 印刷	五〇、〇〇〇
16 其他製造業	一二〇、〇〇〇
總　計	二、七五〇、〇〇〇人

二、手工業工人的總計

1 紡織	三二〇、〇〇〇
2 建築	六〇〇、〇〇〇
3 礦山	六〇〇、〇〇〇
4 縫紉	八五〇、〇〇〇
5 茶業	三五〇、〇〇〇
6 髮網	八〇、〇〇〇
7 帽綆	一二〇、〇〇〇
8 磁業	二五〇、〇〇〇
9 爆竹	二〇〇、〇〇〇
10 理髮	二四〇、〇〇〇
11 五金	一六〇、〇〇〇

12	鞋業	三〇〇、〇〇〇
13	造紙	一五〇、〇〇〇
14	苦力	一、二〇〇、〇〇〇
15	鹽業	四二〇、〇〇〇
16	糧食業	二四〇、〇〇〇
17	店員商業僱工	一、六〇〇、〇〇〇
18	船業	一、二〇〇、〇〇〇
19	印刷	六〇、〇〇〇
20	其他	三、〇〇〇、〇〇〇
	總計	一一、九四〇、〇〇〇人

這個統計，是二三年以前的調查；現在中國勞動者的人數，必有相當的增加。據共產黨方面的宣傳，中國產業工人，在一千萬人以上，職業工人，在四千萬人以上；合計五千萬人以上。這種估計，自然過於誇張。據我們的觀察，大概產業工人，總在三百萬左右，全國工人總數，大概在二千萬至三千萬之間。這個數量，比較全國人口的總數，雖然很小；然而因爲勞動者經濟地位的重要，組織能力的堅強，革命性的濃厚，所以無論在政治方面，經濟方面，革命運動方面，都

是重要的成分。因此，勞動問題，格外爲人所注意。

但是，以作者的淺見，中國的勞動問題，不能看作單純的勞動問題，應該看作民族問題和民生問題的一部分。因此，中國的勞動問題，不能像歐美那樣專作改良待遇的勞動問題去謀解決——僅在勞動問題本身上着手；中國的勞動問題，應該在民族問題和民生問題上着手，而後才有解決的可能。換句話說，解決中國勞動問題的方法：第一步是廢除不平等條約，以求民族的獨立；第二步是實行產業革命和社會革命，以求民生的安適。這是中國勞動問題所以異於他國勞動問題的地方；這是中國勞動問題的特性。

何以說中國的勞動問題不能單從勞動問題謀解決，而要從民族問題謀解決呢？試看孫中山先生說：「中國工人和外國工人不同的地方，是外國工人只受本國資本家的壓迫，不受外國資本家的壓迫；如果有外國資本家來壓迫，政府便去抵抗，就是受本國資本家的壓迫，政府也想方法來保護。……至於中國的實業，還沒有發達，機器的生產，還沒有盛行；所以中國還沒有像外國一樣的大資本家。外國有了機器生產之後，發生了大資本家，一般工人便受資本家的大害。中國工人現在還不受本國資本家的害，本國還沒有大資本家來壓迫工人；自從發生了工團風潮以後，那些小實業反要受工人的害，被工人來壓迫」。然則中國工人完全不受資本家的壓迫麼？不！中山先生說：「中國工人是受外國資本家的壓迫」。

外國資本家怎樣壓迫中國工人呢？很明顯的，第一，外國資本家利用中國不能自主的關稅，輸入大宗的貨物，騙取中國的金錢，消滅中國的實業，影響所及，壓迫中國的工人；第二，外國資本家又在中國開設工廠，利用中國便宜的原料和人工，製造大宗的貨物，使中國實業受其壓迫而破產，中國工人受其影響而失業。所以孫中山先生說：「從前閉關自守的時代，中國工人便可以自耕而食，自織而衣，自己本來可以供給自己。到了外國人來叩關，打破我們的門戶，和我們通商以後，自己便不能供給自己。土貨消滅於無形，洋貨充斥於市面。不但洋貨充斥於市面，就是外國銀行發行的紙幣，也是通行於各地，中國紙幣也是被外國的紙幣打敗了。所以中國人民就謀生一方面的經濟說，完全是處在外國的經濟壓迫之下；中國國家表面雖是獨立國，實在成了外國的殖民地。因爲成了外國的殖民地，受了外國這樣大的經濟壓迫，所以中國工人便謀生無路」。因此，中山先生告誡工人說：「我們中國工人，如果也學外國工人，組織大團體，來解決國內的問題，推倒初發生的資本家，實在是很容易的。但是把這問題解決了，對於外國經濟壓迫問題，可不可以一齊來解決呢？我們每年所受五萬萬元的損失，可不可以挽回來呢？都是不可能的！……所以我們要……廢除不平等條約」。廢除了不平等條約，恢復中國民族的地位，擺脫外國經濟的壓迫，而後勞動者方有享受幸福的可能。

何以說中國的勞動問題不能單從勞動問題謀解決而要從民生問題謀解決呢？廢除了不平等條約，難道還不能解決整個勞動問題，而猶有待於產業革命和社會革命麼？我說：廢除不平等條約，是解決中國勞動的一個條件，不是解決中國勞動問題的全部方法；經濟性質的勞動問題，當然有待於經濟性質的產業革命和社會革命。孫中山先生說：「中國大家多是貧，中國人所謂貧富不均，不過在貧的階級之中，分出大貧與小貧。其實中國的頂大資本家，和外國資本家比較，不過是一個小貧，其他的窮人，都可說是大貧。中國的大資本家，在世界上既然是不過一個貧人，可見中國人通通是貧」。在「通通是貧」的中國，大家求食維艱，謀生爲難，要想解決勞動問題，那簡直是癡人說夢。所以在不平等條約廢除之後或廢除之前，我們應該積極設法去掉這個「貧」，使中國人「通通是富」。而去貧成富的辦法，便是實行產業革命，以求生產技術的社會化；實行社會革命，以求生產要具的社會化。

產業革命怎麼可以救貧呢？因爲產業革命，就是生產技術的社會化；生產技術的社會化，第一，在勞動組織方面，採取細密的分工；第二，在勞動工具方面，採取大規模的機器。這二種方法，足以發展社會的生產力，增加社會的財富。歐美各國的富庶和繁榮，無非也是採用分工和機器的結果。中國要想成爲富庶繁榮的國家，除了實行產業革命，恐怕沒有第二種辦法了。

中國爲什麼還要實行社會革命，使生產要具社會化呢？生產要具，就是指工廠、原料、機器等生產資本和貨幣資本而言。生產要具的社會化，就是要使重要的生產工具，歸社會全體人員所公有，不許個人獨佔的私有。要這樣，才能使生產要具，爲社會全體的福利而利用，不致爲個人所壟斷，造成掠奪他人的現象。

如上所述，產業革命是解決生產問題的方法，社會革命是解決分配問題的方法。生產分配兩問題能夠同時解決，人民不必患貧，也不必患「不均」；於是勞動問題可以不待解決而自解決了。

中國國民黨的勞動政策

中國國民黨的勞動政策，是中國國民黨根據中國勞動問題的特性而定的解決中國勞動問題的綱領。

中國勞動問題的特性，上文已經說明，就是中國的勞動問題，不能看作單純的勞動問題，應該看作民族問題和民生問題的一部分。因此，中國的勞動問題，不能像歐美那樣專作改良待遇的勞動問題去謀解決——僅在勞動問題本身上着手；中國的勞動問題，應該在民族問題和民生問題上着手，而後才有解決的可能。換句話說，解決中國勞動問題的方法；第一步是廢除不平等條約，以求中國民族的獨立；第二步是實行民生主義的平均地權和節制資本的產業革命和社會革命，以求中國民生的安適。民族不能獨立，民生不能安適，中國的勞動問題，憑你用什麼方法，也是無法解決。反之，民族能夠獨立，民生能夠安適，中國的勞動問題，就可不解決而自解決。這是中國勞動問題的特性。根據這個特性，中國國民黨所規定的勞動政策，大致不外乎三種：

一、團結工人力量，參加民族革命；
二、增進工人知能，完成產業革命；
三、改良工人待遇，實行社會革命。

關於第一點，「團結工人力量，參加民族革命」，孫中山先生說：「工人不但是對於本團體之中有責任，在本團體之外，還有更大的責任。這是什麼責任呢？就是國民的責任，……就是要擔任抬高國家地位的責任」。又說：「現在中國同各國不平等的原故，是由於國際上的束縛，譬如政治經濟種種的壓迫太多。要解除這種種束縛，在工人一方面，並不是難事。英國俄國的工人，便是中國工人的好榜樣」。又說：「工人既有了團體，要廢除中外不平等的條約」。中國國民黨第一次全國代表大會宣言說：「貧乏之農夫，勞苦之工人，所在皆是。因其所處之地位，與所感之痛苦，類皆相同，其要求解放之情，至爲迫切，則其反抗帝國主義之意，亦必至爲強烈。……國民黨於此，一方面當對於農夫工人之運動，以全武力助其發展，輔助其經濟組織，使日趨於發達，以期增進國民革命之實力；一方面又當對於農夫工人要求參加國民黨，相與爲不斷之努力，以促進國民運動之進行」。又第二次全國代表大會宣言說：「凡民族革命運動，欲求成功，必須有廣大的民族參加；而農工民衆，尤爲必須。……於現在及將來，爲民族革命運動，必須以其意義普通於田間與工廠，且必須使之組織於反抗帝國主義的奮鬥中」。

關於第二點，「增進工人知能，完成產業革命」，中國國民黨第三次全國代表大會黨務報告決議案：「全國農工已得有相當之組織者，今後必須由本黨協助之，使增進其知識與技能，提高其社會道德之標準，促進其生產力與生產額，而達改善人民生計之目的」。又中央執行委員會十七年十月告誡全國工會及工人書上說：「若工人切嘗自身所受之經驗，洞察國家經濟之情況，當知解決工人生計問題，與解決國家經濟問題，二者實有同一利害，應本同一之原則。原則爲何？即增加生產是也。蓋外國貨品充斥於我國中，吸收我國人之膏髓，則我國人民唯有製造本國貨品以抵制之，始能保障吾人之膏血。外國資本雄厚，以其大規模生產壓迫我中國，且以其大銀行之紙幣壓倒我國之金融與財政，則我國人民唯有勤勞節儉，提倡積蓄，將國民自己之積資，投諸國家大生產事業，以發展交通，開闢富源，始足以排除外國之資本主義及其貨幣之侵略。總括言之，我國民今後打倒帝國主義與資本主義之方法，只有全國上下共同努力於『增加生產』四字，乃爲根本之圖。欲求增加生產，國家則宜取消不平等條約，收回海關，保護實業，鼓勵儲蓄，制定勞動法；而工人則宜增益一己之技術與能力，養成勤儉耐勞之習慣，使工作之效能增加，然後生產額因之而增多。如是，則國家富力，始能勃興，工人生計，亦自能充裕」。又說：「維我工友，……人人應以知恥雪恥之精神，起三民主義之信仰，依本黨之指導，爲政府之後盾，作建設之前驅，必當企求工業技術之嫻熟，生產效能之增高，與企業組織之完備。然後國家生產，始能期其發展，而使中國得與帝國主義決未來百年之勝負，爲中國民族雪已往百年之恥辱」。

關於第三點，「改良工人待遇，實行社會革命」，孫中山先生說：「我們革命的目的，是爲人民去謀幸福。因不願少數滿洲人專利，故要民族革命；不願君主一人專利，故要政治革命；不願少數富人專利，故要社會革命」。又說：「處今日中國而言，社會主義，即預防大資本家之發達可矣」。不讓少數人專利，和「預防大資本家之發達」的方法很多（其主要方法，即是平均地權與節制資本），而改良工人的待遇，多少可以防止私人資本的集中，實行分配的社會化。所以中國國民黨第二次全國代表大會，議決：「一、制定勞動法；二、主張八小時工作制，禁止十小時以上的工作；三、最低工資之制定；四、保護童工女工，禁止十四歲以下兒童工作，並規定學徒制；女工在生育期內，應休息六十日，並照給工資；五、改良工場衞生，設置勞動保險；六、在法律上，工人有集會結社言論出版罷工之絕對自由；七、主張不以資產及知識爲限制之普通選舉；八、厲行工人教育，補助工人文化機關之設置；九、切實贊助工人生產的消費的合作事業；十、取消包工資；十一、例假休息照給工資」。

中國勞動法現狀

中國國民黨的勞動政策——一、團結工人力量，參加民族革命；二、增進工人知能，完成產業革命；三、改良工人待遇，實行社會革命——已如上述。假使這種觀察並不錯誤，那麼國民政府所頒行的勞動法，自必根據這種政策，以推進民族革命，產業革命，和社會革命。中國現行的勞動法，主要的，共有四種：一、工會法，二、工廠法，三、勞資爭議處理法，四、團體協約法。這四種法規，核其內容，和中國國民黨的勞動政策，當然不會有違背的地方。譬如工會法，他的目的，當然不是要挑動階級鬥爭，乃是要「團結工人力量，參加民族革命」，「增進工人知能，完成產業革命」。又如工廠法和勞資爭議處理法，以及最近頒佈的團體協約法，他的目的，當然不是在保護資本家，壓迫勞動者，乃是在「改良工人待遇，實行社會革命」。這種勞動法，完全是中國國民黨的勞動政策的具體表現。

現行工會法，全文五十三條，共分八節。第一節，設立；第二節，任務；第三節，監督；第四節，保護；第五節，解散；第六節，聯合；第七節，罰則；第八節，附則。全文經立法院通過後，送請國民政府於民國十八年十月二十一日正式公布，同年十一月一日明令施行。民國十九年六月六日，國民政府又頒行工會法施行法，全文二十五條，於工會法多所補充。同年四月二十六日，上海市黨部呈准中央黨部，頒布上海特別市工會組織程序一種，全文十二條。五月十四日上海市政府公布上海特別市工會登記規則一種，全文十四條（後二種是單行法）。

現行工廠法，全文七十七條，共分十三章。第一章，總則；第二章，童工女工；第三章，工作時間；第四章，休息及休假；第五章，工資；第六章，工作契約之終止；第七章，工人福利；第八章，工廠安全與衞生設備；第九章，工人津貼及撫卹；第十章，工廠會議；第十一章，學徒；第十二章，罰則；第十三章，附則。查前北京政府曾於民國十三年三月二十九日公布暫行工廠通則，全文二十八條。但當時政治的情形，政令不出都門，各省自爲風氣，這個簡單敷衍的法令，也就有等於無了。

現行勞資爭議處理法，全文四十條，共分八章。第一章，總則；第二章，調解機關；第三章，勞資爭議處理之程序；第四章，爭議當事人行爲之限制；第五章，罰則；第六章，附則。勞資爭議處理法，自從頒行以來，各地店員和店東，因雇傭條件之維持或變更，而發生爭議時，向依該法進行調解。然自司法院解釋店員係屬商人，不能認爲勞資爭議處理法上所說的「勞方」，不得適用該法以處理店東店員的爭議；自是以後，勞資爭議處理法的範圍縮小——只能適用於工會法上認可的工方和資方所發生的爭議了。至於店員店東發生的爭議，國民政府以爲「應飭當事人向法院呈訴；倘因爭議發生罷工或停業情事，行政官署臨時處置，予以制止，或會同黨部設法調處，均無不可」。

現行團體協約法，全文三十一條，共分五節。第一節，總則；第二節，限制；第三節，效力；第四節，存續時間，第五節，附則。團體協約是以規定勞動關係爲目的——下列各款，也是屬於勞動關係的範圍：一、學徒關係，二、企業內的勞動組織，三、關於職業介紹機關的利用，四、關於勞資糾紛調解機關或仲裁機關的設立或利用。無疑的，團體協約法，便是規律這種勞動關係的法律。

（附載一）中國勞動問題的特殊性

中國的產業勞動者，自從滿清末年以來，就已經隨著國內資產階級的興起而發生了。及到歐戰發生，國內的新式產業逐漸發達，而此等產業勞動者的人數也跟著增加起來。據英文中國年鑑和前北京農商部的統計，中國的產業勞動者的人數，共有二百七十五萬人，和全國的人口比較，固然是一個小數目，但若連他們的家屬一起計算（每人的家屬平均定爲五人），應當包含一千三百七十五萬人。這包含一千三百七十五萬人的問題，就不能不承認他是一個大社會問題了。在中國的廣大產業預備軍之中，他們居然能夠取得了產業勞動者的地位，以維持其卑劣的存在，把他們和那些無業者比較起來，自然要算較勝一籌，但是我們卻不能因此忽視產業勞動者問題的重大。

中國的產業勞動者，有一部分是在中國境內的外國資本家之下工作的，有一部分是在本國資本家之下工作的。那班外國資本家，利用中國的勞動過剩和工錢的低廉，利用在中國境內所取得的工業經營權，紛紛到中國來經營工業，雇用工人替他們創造剩餘價值。他們帝國主義者對於這班工人的待遇，完全使用宰制殖民的法律和行動，來壓迫在他們工廠中作工的中國人，中國的工人終日在他們鞭扑槍彈之下工作，生殺予奪之權都操在他們的手裏，無時不感受生命的危險和失業的脅威，其地位和境遇，實是非常慘酷的，這是顯明的事實。其次，中國的工業資本家對於工人的待遇，也是非常殘酷，因爲他們剛剛出世，就碰到了外來的強敵國際資本家，他們的資本和企業能力，他們的生產條件等，都遠不及外國資本家。本國的政府又不能援助他們對於外國資本家的競爭，所以他們只有憑藉封建勢力加緊對於工人的剝削，以圖取得一點利益。因此在國內資本家之下工作的工人們，他們的勞動條件，也是非常不利，生命的危險（如有反抗雇主行爲卽被軍警壓迫)和失業的威脅，也是同樣感受的。加以近年來生活程度增高，低微的工資多不能養家活口，政府又沒有勞動法保障他們。這樣一來，中國的勞動問題，也就顯出了半殖民地的半封建的特殊性，中國的勞動運動，也只有根據這種特殊性去理解牠。

中國的勞動運動，從民國七八年以來，日見發展，這是和國內資本主義的發展相並行的。這十多年之間，各處的產業勞動者的同盟罷工層出不窮，直到最近，還是一樣。中國勞動運動的性質，一面是經濟的，同時又是政治的，他們迫於生活困難，不得不要求經濟的地位的改善，迫於民族生存的威脅，不得不從事反對帝國主義和封建勢力(最顯著的如二七運動，是反抗封建勢力的，五卅運動和省港罷工運動是反抗帝國主義的，他們在過去歷史上，已經表示他們確是中國革命的急先鋒，是反抗資本主義最激烈的戰士)。這種趨勢和先進國家的勞動運動，必須經歷數十年的經濟運動然後轉換到政治運動的趨勢，截然不同。這可說是帝國主義時代的半殖民地的半封建的社會中的勞動運動的特殊性。

(附載二) 中國國民黨勞動政策的四大基礎

勞工政策有廣狹二義。狹義的勞工政策，就是勞工保護政策，換言之，就是由政府用立法行政的手段來保護勞工，使勞工們的生活向上，使勞工們得由被壓迫的奴隸的地位，提高到平等的自由人的地位。廣義的勞工政策，除了政府的設施之外，同時並包含勞工們自己的活動，就是由勞工們用自己團體的力量來促資方的覺悟，企圖改善自己的生活。中國國民黨的勞工政策，是廣義的勞工政策，就是一方面由黨來督促政府厲行勞工政策，一方面由黨來領導勞工力行勞工政策。

中國國民黨的勞工政策，向來沒有具體的規定，有之則多散見在　總理的遺教和歷次大會的宣言中。茲就遺教和宣言來研究其基礎觀念，計有四種：一曰道德的基礎，二曰社會的基礎，三曰政治的基礎，四曰經濟的基礎。

簡單的說，忠孝，仁愛，信義，和平，是本黨勞工政策之道德的基礎。一方面承認工人在政治上，法律上，教育上，社會上，有均等的權利；一方面希望工人努力服務——能力大者服多人之務，能力小者服一人之務；務使工人階級與其他階級間之不平等的現象，根本消滅：這是本黨勞工政策之社會的基礎。反抗帝國主義及其工具軍閥官僚買辦土豪，造成自由獨立的民主國家：這是本黨勞工政策之政治的基礎。在積極方面，反抗帝國主義的經濟侵略，保障本國工業，使工業逐漸社會化；在消極方面，節制私人資本的發展，使社會上貧富不均的現象逐漸消滅：這是本黨勞工政策之經濟的基礎。

工會法

工會的立法

在現代社會的經濟組織中，勞動者的個人對於雇主是不能立於平等地位的。雇主的智識經驗和才能，都勝過勞動者的個人。而且因分工分業的進步，勞動者生活的艱難，普通工人的供過於求，雇主隨時可以任意選擇多數的勞工而自由雇用。如果那幾個勞工不願曲從雇主的條件，雇主就可隨便另招一班勞工來工作。但在勞工方面，因競爭求工者的繁多，而且因生計的壓迫，少做一天工就少一天維持本身和家屬的生活費用，又不知道在什麼地方什麼時候能找到合宜的工作，所以往往只能曲從雇主的條件。但是自從勞動者覺悟了團結的必要以後，經過了若干次的試驗，知道勞動者的個人和雇主的個人雖不能站在平等的地位上，而不免於失敗屈服，但若勞動者大家聯合起來，作一致的行動，對雇主作同一的要求，就可以和雇主個人或雇主團體站在平等的地位，訂立較為公平的條件，以改良勞工的生活和工作狀況；因此勞動者對於勞動運動就漸漸注意，而其組織也日見鞏固。

十八世紀的歐洲，因爲飽受了個人主義的感化，一般國家，在經濟上都篤信個人主義，他們都一致的以爲個人自由是開創和平的先驅；然而勞動團體實足以阻礙個人自由的發達。所以當時的國家立法，一般的都採用兩個原則：第一便是打倒旣存的勞動團體，第二便是摧殘新生的勞動團體。舉例來說：一七九九年的英國禁止結社法和一七九九年的法國解散職工團體令，都是爲了要達到這兩個目的。不過到了十九世紀，因爲資本制度肆虐的結果，一般的勞動者無一不受資本家的壓迫，於是個人主義便遭一般學者的抨擊，因而在一八四八年便有嶄新的社會主義出現——社會主義是以打倒資本主義解散階級爲目的的。自是以後，前仆後繼的勞動運動，隨處發生，十八世紀的禁止集會結社令，也失掉了他們的神聖。因此，各國不得不另採一種政策：法國在一八六四年，英國在一八二五年，德國在一八六九年，奧國在一八七〇年，都相繼取消禁止集會結社的法令。從此勞動者的結社自由，在法律上便消極的得到承認。至於在積極方面承認勞動團體的，英國則有一八七一年的工會法和一八七六年的工會改正法，法國則有一八八四年的法律，美國則有一八八五年的工會法，德國則有一八九七年的關於職工會和徒弟制度的法律。

我們中國，產業落後，情形和外國不同：國內沒有高壓的資本家，所以工人沒有感覺組織工會的必要。到了民國八年五四運動的時候，上海工人罷工影響，從此漸有工會的組織；然因軍閥政府視工會爲洪水猛獸，摧殘破壞，不遺餘力，所以工會的組織，一時很難發展。工人只能利用俱樂部的名義，對外發生關係，有時且併俱樂部也不准組織。各地工人，爲爭工會的組織權，前仆後繼，向著資本家和軍閥政府奮鬥；就中尤以京漢鐵路工人的大罷工，在勞工運動史上佔有重要的位置。京漢路工的運動，兆端於民國十年一月一日長辛店勞動補習學校成立的第一日。該校成立後，經過許多的挫折，至十年冬季，組成了一個俱樂部。以後就以俱樂部爲中心，進行工會的組織。十二年一月五日，京漢鐵路總工會籌備委員會在鄭州開會，議決二月一日正式舉行京漢鐵路總工會成立大會。這個消息，傳到吳佩孚耳中，吳佩孚就令靳雲鶴禁止開會。二月一日清晨，鄭州特別戒嚴，軍警荷槍實彈，如臨大敵，代表行動，俱被監視，總工會也被封閉。二月七日，蕭耀南更下令屠殺罷工工人三十三人，打傷二百餘人；演成空前的慘劇，留下悲壯的「二七紀念」。然而軍閥政府毫無悔過之心，取締工會，更是雷厲風行。直到國民政府組織成立，中國方有承認工會組織的法律。

中國工會立法的嚆矢，是民國十三年十一月護法政府孫大元帥公布的「工會條例」。該條例開宗明義第一章，就承認：「凡年齡在十六歲以上，同一職業或產業之腦力或體力之男女勞動者，家庭及公共機關之僱傭，學校教師，職員，政府機關事務員，集合同一業務之人數在五十人以上者，得適用本法組織工會」。又第二條承認：「工會爲法人。工會會員私人之對外行爲，工會不負連帶之責任」。又第三條規定：「工會與雇主團體立於對等之地位，於必要時得開聯席會議，計劃增進工人之地位及改良工作狀況，討論及解決糾紛或衝突之事件」。這個「工會條例」，後來稍有修改，更名「工會組織條例」。依據這個修正的法案，工會組織大加擴充；其第六條規定：「組織系統：一、全國總工會……；二、省特別市總工會……；三、縣市總工會……；四、各業工會……；五、各廠區工會……；六、分會支部幹事會……；七、小組……」。這個條例，行之頗久，直到民國十八年十一月一日工會法明令施行，遂由中央執行委員會宣告廢止。

工會的設立

一、目的　設立工會的目的，依據工會法（參考本章附載一）規定：一是增進工人的知識和技能，二是發展生產，三是改善工人生活，四是維持勞動條件。換言之，1.是團結工人的力量，參加民族革命；2.是增進工人的知能，完成產業革命；3.是改良工人的待遇，實行社會革命。本此目的，工會的任務，有如下列：1.締結、修改或廢止團體協約（但須經主管官署的認可，而國家行政交通軍事工業，國營產業、教育事業、公用事業之工人所組織的工會，不准締結團體協約）；2.辦理會員的職業介紹並設置職業介紹所；3.舉辦儲蓄機關、勞動保險、醫院、診治所、托兒所；4.組織生產、消費、購買、信用、住宅等各種合作社；5.舉辦職業教育和勞工教育；6.設置圖書室或書報社；7.印行出版物；8.舉辦會員懇親會、俱樂部或其他娛樂；9.調處勞資糾紛和勞工糾紛；10.調查工人家庭生計經濟狀況和其就業失業，並編製勞工統計；11.關於勞動法規的規定和改廢等事項，提供意見於政府，並答復政府的咨詢；12.辦理其他合於工會目的的事業。

二、種類　工會的種類，依據工會法施行法（參考本章附錄二）的規定，可分二種：一是產業工會，一是職業工會。「集合同一企業內各部分不同職業之工人所組織者，爲產業工會；集合同一職業之工人所組織者，爲職業工會」（參觀本章附載六）。詳細些說，職業工會，是由從事某種同一職業的勞動者所組織而成的工會。例如機器產業中的鍛冶工會、模型工會，建築產業中的鉛管工會、泥水工會等，都是職業工會。此外，還有一種職業工會，包括幾個類似的職業；例如在織工聯合工會內，除織工之外，還包含著捲細工、整線工及其他。又如在機器工會裏，也包含著組成工、旋盤工、機器工、鍛冶工、模型工、鉋工、穿孔工、機器技手、電氣技手，以及其他許多熟練勞動者。這種職業別工會，尤其是純粹單純的職業工會，例如上面所說的鍛冶工會或泥水工會，近來發生一種很大的缺點：就是在現在的大產業中，他在鬥爭力上受了很大的限制。例如造船業的勞動者，如果被組織於單純的職業別工會裏，那麼一個造船所的勞動者，便被分割於製罐工、模型工、鑄造工、製圖工、油漆工等許多的工會；而在這許多單純的職業工會中，他的會員，又多散處於許多產業和許多企業中。因此，職業工會的力量，就因分業而大減了。補偏救弊，於是產業工會乃應運而生。產業工會，是產業別的勞動組合。產業別的勞動組合，是把從事共通的生產物或屬於共通種類的生產物的生產勞動者，或爲供給共通的利便（如通信、交通等）而從事共同勞動的一切勞動者，不問熟練、等級、或職業如何，都組織於一個工會裏。因此，職業別工會，以一職業一工會爲目的；產業別工會，以一產業一工會爲目標。產業工會的優點，是組織統一，力量集中，便於指揮；而其缺點，則在忽視各個職業的利害而不能充分的代表出來。當各個職業之間有特殊的利害存在時，產業工會便有用特別的組織或機關，來代表這些職業利害的必要。蘇俄的工會，在產業工會內，依據職業來區分部門，便是基於這種的必要。德國的金屬工會，英國的鐵路工會，雖非純粹的產業工會，也爲了要在工會管理上能夠充分反映職業別的利害起見，而採取許多複雜的手段。至於中國的工會法，對於這二種制度——職業別工會和產業別工會，兼採並取，無所偏廢。

三、組織　關於工會的組織，工會法第一條規定：「凡同一產業或同一職業之男女工人，……集合十六歲以上，現在從事業務之產業工人人數在一百人以上，或同一職業工人人數在五十人以上時，得適用本法組織工會」。準此，則工人組織工會，1.須是同一的產業或同一的職業，2.年齡應在十六歲以上，3.現在從事業務，4.產業工會人數一百人，職業工會人數五十人。但是第一三兩項有一例外，卽工會法第二條規定：「工人具有左列資格之一者，雖非屬於同一職業或同一產業，得加入其工會爲會員；但雇主或其代理人不在此限：一、曾選任爲其工會之職員者；二、曾爲同一產業或職業之工人者」。本條的目的，在於吸收智識較優能力較大的分子，以充實工會的力量。中央政治會議以爲「卽在此規定之精神，固可以糾正國際赤色工會智識分子煽惑民衆之謬誤，其但書之規定，亦可以排除國際黃色工會減殺工會活動之機能」。但所謂「曾選任爲其工會之職員及曾爲同一產業或職業之工人者」，須有工會或工廠的證明。

又工會法第三條：「國家行政交通軍事工業、國營產業、教育事業、公用事業各機關之職員及雇用員役，不得援用本法組織工會」。所謂職員，是指「官吏、技師、教員、管理員、事務員及其他委任以上或聘用之人員」；所謂雇員，是指「錄事、勤務及所屬工廠之司書、書記暨無關工業工作之雇用人員」。此項職員和雇員，適用工會法第三條的規定，不得組織工會，亦不得加入工會爲會員；至於工人，當然不受第三條的限制。又，第三條列舉事業以外的同一產業或同一職業的被雇人員，無論其爲職員或員役，均得加入工會；但代表雇主行使管理權的主要人員如正副經理等，不在此例。關於第三條的立法理論，中央政治會議曾有明確的解釋，摘錄於左：

「再就工會法原則第十六項（工會法第三條）釋明之。工會法不適用於國家行政交通軍事工業、國營產業、教育事業、公用事業各機關之職員及雇用員役。此項規定，非因其爲腦力勞動者而限制之。蓋工會之對象，爲一般雇主之資本家，或因經濟上利益上之調和須組織工會自謀其利益而行使其團體交涉權。如屬於國家機關與國營產業，即祇應以服務爲職志。蓋國家爲民衆之國家，而被傭於國家機關與國營產業者，絕不能有勞資對抗之意義。況此種事業與普通一般之職業或產業不同，關於公益上治安上行政紀律上有深切之關係，自不能不加以限制。其服務於國家機關之職員，或從事教育事業人員，非基於僱傭契約而提供勞力，乃基於行政權作用之委任或聘任，而效力於國家：其地位性質，亦與一般工人有別。故徵諸各國勞動立法例，亦每有相當之限制。如西班牙、意大利勞工法令，對鐵道、郵政、電信、電話、及國家機關、地方團體事務的工人，禁止加入通常的工會。法國、瑞士對於公務員所組織的團體，亦不許其適用公會法而設立。雖勞農政府之蘇俄政府，所用事務官與各學校之職員等，亦未聞有援用工會法組織工會者。是則工會法原則第十六項（工會法第三條）所列舉各種職業之職員及雇用員役，不適用工會法組織工會之規定，不獨基於理論上爲應有之規定，徵諸各國工會立法例，亦爲最近工會立法的趨勢也。至於同項第二款（工會法第十六條及第二十三條）規定上列各種事業工人所組織之工會，不得宣言罷工，並無締結團體協約權者，蓋因服務於國家機關之工人，絕對不能有勞資對抗之意義，自不能運用勞資對抗之手段而罷工。且民衆之利益，卽國家之利益，非若一般雇主以營利爲目的者與工人之利害相懸殊也。若夫關於改善工人生活及工作條件，尤爲國家農工行政應有之事，無待於團體協約之締結，故工會法原則有第十六項第二款之規定也」。

工會組織方面還有一個很大的變動：卽工會組織條例（民國十七年頒行，現已廢止）規定：「工會之組織，以各廠工會或區域爲單位」；而工會法則無廠工會和區會的規定。工會法施行法第七條說：「工會之區域，以市或縣之行政區域爲其區域」。工會法第六條說：「在同一區域內之同一職業工人或同一產業工人，祇得設立一個工會」；又第五十二條說：「本法施行前，在同一區域內，已有兩個以上之同一產業或同一職業之工會，自本法施行之日起二個月內須行合併」（參考本章附錄三、四）。是則依據工會組織條例設立的廠工會、或區工會，自當一律併入合於工會法的（市）（縣）工會。這在事實上，恐怕要發生二種困難：第一、縣的區域廣大，市的人口衆多，一縣或一市的同一產業工人或同一職業工人，一律組織於一個產業工會或職業工會內，事實上恐不可能；就是強爲合併，因爲組織龐大，分子複雜，而會員間的利害又不一致，勢必流於渙散。第二、工會法上沒有廠工會或區工會，祇有合於縣市區域的工會；以一大而無當的工會，統屬散在全縣全市的同一產業工人或職業工人，事實上也不可能；結果，工會得不到羣衆的擁護，羣衆受不著工會的領導，工會則空洞，羣衆則渙散，名存實亡，無裨實際。工會法施行法第七條雖然規定：「工會之區域，區域得由主管官署另行劃定」，（如上海市擬以「區」爲工會的區域，每區設立一個），然廠工會不准設立，事實上仍有困難。故鄙意以爲工會（無論以市縣或區爲標準）之下，每廠應准設立分會，分會之下，設立支部，支部之下，設立小組。這是指產業工會而言，至於職業工會，則工會之下，設立支部或小組，無須特設分會。試以上海市爲例：閘北區內的出版業工人，可以組織一個工會，定名「上海市閘北區出版業工會」；而商務印書館的工人，似應准其組織分會，定名「上海市閘北區出版業工會商務印書館分會」，或「……第一分會」；又，商務印書館內分三部，卽編譯所、印刷所、總務處，各有三四百名以上的工人，似應准其設立三個支部；而支部之下，仍應有小組的設立。如是，以身使臂，以臂使指，指臂相連，運用才能靈活。

工會之上，依工會法，得有聯合的組織。但是這種聯合，是同一產業工會或職業工會的聯合，適用工會法各條的規定。工會法第四十五條說：「工會爲謀增進會員間之智識技能，發達生產，辦理互助事業，得聯合同一產業或職業之工會，呈經主管官署之核准，組織工會聯合會」。例如上海市各區——閘北區、南市區、江灣區等的出版業工會，可以聯合組織，定名為「上海市出版業工會聯合會」。又如江蘇省的出版業工人，也得聯合江蘇各縣市的出版業工會，組織「江蘇省出版業工會聯合會」。「組織工會聯合會」時，工會法第四十五條說，「須召集各關係工會，開聯合大會，議定章程，並須經主管官署之核准」。查工會組織條例，本規定有全國總工會，全省（特別市）總工會，全縣（全市）總工會，綜合各業的工人而為之組織。現在工會法上祇有某業工會聯合會的組織，而其範圍又限於一省，並無總工會的規定。揣其用意，大約是因吾國幅員廣大，交通阻滯，而國民經濟，尚未發達，鄉土觀念，仍甚濃厚，重以工人智識幼稚，缺乏團體觀念，事實上不容有全國性質的總工會的存在之餘地。而全省總工會，亦因組成員的職業互異，分子複雜，利害不一，很難發生力量，反不若工會聯合會的純粹而切實。所以這種新的工會制度，是着實值得我們擁護的。

四、程序 發起組織工會，須在「黨部指導，政府監督」的原則下，按步進行。現在依據人民團體組織方案和工會法第五條，規定組織的程序如下：

第一步：發起組織工會，須有十六歲以上，現在本區域內從事同一業務的產業工人一百人或職業工人五十人以上的連署，推舉代表五人至九人，備具理由書正副二份，向當地高級黨部申請許可（黨部接受申請後，卽行派員視察，其要點：1.所呈理由是否正當和確實；2.發起人的業務和行爲如何；3.從前有無相同的組織；4.有無組織的必要。黨部如准其設立，應卽頒發許可證書）。

第二步：工會接奉黨部許可證書後，應卽推擧籌備員，組織籌備會，刊刻圖記；並將籌備員履歷表和籌備會印鑑單，呈報當地高級黨部備案。同時，備具由發起人連署的呈請書，檢同黨部許可證書、籌備員履歷表、籌備會印鑑單等，向當地縣市政府呈請備案。

第三步：籌備會備案後，籌備員應卽擬定會章草案，呈候當地高級黨部審核。

第四步：章程經黨部修正後，籌備員應卽呈報當地黨政機關，召開成立大會，通過章程，選擧職員。並將章程、會員名簿、會員履歷表呈報黨部備案。

第五步：工會組織成立後，由全體職員備具連署的正副呈，附具章程、會員名簿、職員履歷表等，呈請當地政府立案（工會呈准立案後，由當地主管官署刊發圖記並給予證書）。

五、章程　工會的章程，是工會的「根本大法」。工會法第八條規定：「工會章程，須載明下列事項：1.名稱；2.目的；3.區域及會址；4.會員之資格及其權利義務之規定；5.會員入會退會及除名之規定；6.職員之規定；7.會議之規定；8.會費及其他會計之規定；9.互助事業之規定；10.章程變更之規定」。玆就本人研究和經驗的結果，依據工會法，試擬工會章程一部如下（本章程將工會法上的要點，大半攔入，應請讀者仔細看去）：

某地某業工會章程

第一章 總綱

第一條 本會係某區域內某業工人所組織，定名曰「某地某業工會」。

第二條 本會以增進知識技能、發達生產、維持改善勞動條件及生活爲目的。

第三條 本會設會所於某處。

第二章 會員

第四條 凡在某區域內現在從事某種業務之職員雇員及工人，皆得加入本會爲會員；但代表雇主行使管理權者，不得入會。

第五條 會員入會，須經下列入會手續：
一 本會會員二人之介紹並經理事會之通過；
二 塡寫入會志願書；
三 繳納入會費。

第六條 會員應享之權利如左：
一 選舉及被選舉權；
二 提出議案及表決權；

三　本會章所載之各項事務之利益。

第七條　會員應盡之義務如左：

一　遵守本會章程及決議案；

二　擔任本會指派職務；

三　繳納會費。

第八條　凡會員有不遵第七條各項義務之一者，輕則予以警告，次則停止其應享之權利，或科以三日以下工資之罰款，重則除名出會。

前項除名之懲處，須經會員三分二以上之同意。

第九條　會員如欲出會，須於一個月前將理由報告理事會備案。

第三章　職員

第十條　本會設理事九人，監事五人，候補理事四人，候補監事二人。

前項職員由會員大會投票選舉之；以得票多數者當選，並以次多數者爲候補。

第十一條　理事處理本會一切事務，對外代表本會。

監事審核本會簿記帳目，稽查各種事業之進行狀況，及監察各職員之職務。

第十二條　理事監事任期一年，但得連選連任。

遞補之理事監事，以補足原任之任期爲限。

第十三條　理事或監事因故不能執行事務或出席會議時，得委託候補理事或候補監事代理之。

第十四條　理事監事如有左列情事之一時，得由會員大會公決令其解職：

一　有不得已事故請求辭職者；

二　曠廢職務遇事推諉者；

三　於職務上違背法令，營私舞弊，或有其他重大之不正當行爲者，或由主管機關令其解職者；

四　褫奪公權者；

五　有反革命行爲經確實證明者。

第十五條　本會得因事務之繁簡，酌設總務調查等科，或設特種委員會，推舉專職委員，以專責成。

第四章　會　議

第十六條　本會會議，分理事會、監事會、會員大會（或代表大會）等三種：

一　理事會每星期開會一次，監事會每二星期開會一次；但遇緊急事項得臨時召集之。

二　會員大會（或代表大會）每年開會一次；但理事會認爲必要時；或經會員十分之一以上之請求，得臨時召集之。

第十七條　本會會員大會之決議，須以會員過半數之出席，出席會員過半數之同意行之。

第十八條　左列各款事項之決議，以會員三分之二以上之出席，出席會員三分之二以上之同意行之：

一　變更章程；

二　會員之除名；

三　會員之解職；

四　宣告罷工。

第十九條　除前條列舉者外，左列事項，須經會員大會或代表大會之議決：

一　經費之收支預算；

二　事業報告及收支決算之承認；

三　勞動條件之維持或變更；

四　基金之設立管理及處分；

五　會內公共事業之創辦；

六　工會聯合會之組織及其加入或脫退；

七　本會之解散合併或分立。

第五章　經濟

第二十條 本會以下列各項收入爲會費：

一 會員入會費；

二 會員月費；

三 特捐；

四 本會基本金；

五 資方補助之事業費。

第二十一條 會員入會費一元，月費按各該會員收入百分之一。

第二十二條 本會如遇特別事故，須向會員籌募特捐時，須經會員大會三分之二以上之同意，並經主管官署之核准。如會員大會不及召集時，得經理事會議出席委員三分之二以上之同意，並經主管官署之核准行之；但仍須提交下屆會員大會追認之。

第二十三條 本會財產狀況，每六個月向會員報告一次；如會員有十分之一以上之連署，得選派代表查核之。

第六章 會務

第二十四條 本會應辦之事務如左：

一 團體協約之締結、修改、或廢止，但非經主管官署之認可。不生效力；

二 會員之職業介紹，及職業介紹所之設置；

三　儲蓄機關、勞動保險、醫院、診治所、及托兒所之舉辦；
四　生產、消費、購買、信用、住宅等各種合作社之組織；
五　職業教育及其他勞工教育之舉辦；
六　圖書館及書報社之設置；
七　出版物之印行；
八　會員懇親會、俱樂部、及其他各項娛樂之設備；
九　工會或會員間糾紛事件之調處；
十　勞資間糾紛事件之調處；
十一　關於勞動法規之規定改廢事項，得陳述其意見於行政機關、法院、及立法機關，並答復行政機關、法院、及立法機關之咨詢；
十二　調查工人家庭生計、經濟狀況及其就業失業，並編製勞工統計；
十三　其他有關於改良工作狀況增進會員利益之事業。

第七章　附　則

第二十五條　本章程如有未盡善處，得提出會員大會，經出席會員三分二以上之同意，並經當地高級黨部及主管官署核准修正之。

第二十六條　本章程經會員大會通過後，呈請當地高級黨部及主管官署核准施行之。

工會的監督

工會的監督機關，是所在地的主管官署。工會法第四條說：「工會之主管監督機關，爲其所在地之省市縣政府」。工會法施行法第八條又從而解釋：「一市或一縣之工會，以市政府縣政府爲主管官署；超過一市或一縣之工會，以省政府爲主管官署；工會法第三條所列舉各事業之工人所組織之工會，其主管官署，爲該事業之主管官署」。工會的監督機關，是主管的政府，而其指導機關，則爲所在地黨部。「至其條文上未曾涉及黨部之指導，亦爲法律當然之形式。蓋本黨對於人民團體之扶植、指導、檢舉非法等，皆係促進法治運用法律之政治手段，亦爲訓政時期本黨對於政治上所應有之責任」。以上爲中央執行委員會關於商會法的解釋，此處不妨引證。現在再看中央政治會議的說明：「按浙江省執行委員會以工會法無明文規定黨部有無指導組織之權，似有力避黨治脫離黨部之嫌；而不明定黨政機關對於工會之關係，尤易滋糾紛等語。惟查工會法第一節第四條第九條第三節各條，已明白規定由主管官署監督；至關於指導機關與監督機關之劃分，經在工會法原則第三項，已規定：『工會之指導機關爲各該地方之最高級黨部，其監督機關爲其所在地之省市縣政府及特別市政府』。至工會法不爲詳細之規定者，蓋因法律之體制，不須另設專條」。工會的監督機關，既已確定，請更說明監督的事項。

一、關於會員　工會法第二十條說：「1.工會不得強迫工人入會及阻止其退會。2.工會不得拒絕法律章程上認為合格之人入會。3.工會不得妨礙未入會工人之工作」。往昔，工會往往強迫工人入會，阻止工人退會，並不許開除會籍的工人或未曾加入工會的工人在廠工作。結果，全體工人，不問願意與否，雖然一律入會，而工會的力量卻並不因會員之多而怎樣雄厚，有時且因入會退會的問題，形成種種的糾紛。現在工會法有了這樣的限制，此後必可免除許多的傾軋。但同時也有可慮之處，卽入會退會旣可自由，不入會的工人，勢必有增無減，而嫉惡工會的資方，且可用威嚇利誘的手段，明令或暗示工人不入工會，甚至脫離工會；於是工會的力量，勢必格外減小。關於此點，中央政治會議曾有解釋：「工人之任意不加入工會，自可善言勸導，無待強力脅迫也。且強力脅迫其入會，社會秩序被其擾亂，更易為反動派挑撥離間之資。而被迫入會之工人，亦難期忠實於會務。況強力脅迫，屬於非法行為；統觀各國立法例，未聞有以強力脅迫人加入之權許諸任何團體者」。又說：「查工人之所以退會，原因在於避免會費；若對於會費不為過重之負擔，其退會之原因已消滅，當無離去擁護自已利益之團體者。此工會法所以有第十七條之規定，酌量工人之負擔能力而定會費之徵收也。若謂雇主每多利誘加薪，使其退會，宜加限制；此又在工會法第三十一條第三十二條已有明白規定。其餘關於雇主任意黜陟或解散工人，宜為之防；此則不屬於工會法範圍，將來對於勞動契約中當有嚴密的規定也」。

工會法雖不許工會妨害未入會工人的工作，然為優遇工會會員起見，工會於資方添雇工人時，似得要求資方儘先錄用失業會員。如上海市各工會和資方所訂的團體協約，從前多有這樣的規定：「資方不得雇用非會員」；或「資方不得雇用開除會籍之工人」。這種規定，現在多半取消，改為：「資方雇用工人時，儘先錄用失業會員」。又，工會法雖不阻止會員退出工會，而第二十一條規定須經一月以下的預告期間，俾雙方多有鄭重考慮的機會。至於會員違犯紀律，警告無效，工會自可處以罰款；不過所罰的數量，不得超過其三日之工資。非有正當理由，並得會員三分之二以上的同意，工會不得將任何會員開除會籍。

二、關於呈報　工會第二十六條說：「工會在每年六月內及十二月內，應將下列各項表册、帳簿，呈報主管官署；主管官署認為必要時，得令工會隨時報告：1.職員之姓名履歷；2.會員名簿；3.會計簿；4.事業經營之狀況；5.各項糾紛事件之經過」。又第二十四條說：「工會章程或理事與其他職員有變更時，須即行呈報主管官署；並由主管官署於二星期內公告之。在公告前，不得以其變更對抗第三者」（按本條後一句的意義，是說：工會章程和職員的變更，須經主管官署的核准，方生效力；在未蒙核准以前，此項變更，在法律上不生效力，工會不得以之為對抗他人的理由）。工會理事如不遵第二十四條第二十六條的辦法，呈報上峯，或報而不實，工會理事應處一百元以下的罰金。又，前項會計簿和會員名簿，應依規定格式，呈送兩份於主管官署，請求蓋印；記載後，一存會所，一繳主管官署，以憑審核。如工會理事違反此項規定時，應處一百元以下的罰金。再者，主管官署可以撤消違背法令的選舉和決議，變更違背法令的章程；工會方面假使不服，得於三十日內向其主管官署的上級機關，提起訴願，以求救濟。

三、關於行爲 工會法第二十七條規定：「工會職員或會員，不得有左列各項行爲：1.封鎖商店或工廠；2.擅取或毀損商店工廠之貨物器具；3.逮捕或毆擊工人與雇主；4.限制雇主雇用其介紹之工人；5.集會或巡行時携帶武器；6.對工人之勒索；7.命令會員怠工。8.擅行抽收傭金或捐項」。「工會職員或會員有第二十七條各項行爲之一時」，工會法第四十七條說，「得處以二百元以下之罰金；但其行爲有犯刑法者，仍依刑法處罰」。工會法對於怠工，雖絕對禁止，而於罷工則相對允許。工會法第二十三條說：「勞資間之糾紛，非經過調解仲裁程序後，於會員大會以無記名投票，得全體會員三分之二以上之同意，不得宣言罷工」。換句話說，只要經過一調解仲裁的程序，二在會員大會內以無記名投票取得三分之二以上的同意，工會卽可堂堂正正的宣告罷工，罷工所以要經這樣的手續，第一，因爲罷工是兩敗俱傷的鬥爭，必須鄭重出之，免致各方都受無可取償的犧牲；第二，因爲罷工是工人的直接行動，在「調解仲裁」等間接行動尚未完畢以前，交涉如何尚難預料，無須採取直接行動。同時，第二十三條又說：「工會不得要求超過標準工資之加薪而罷工」；而「第三條所列舉各事業工人所組織之工會，不得宣言罷工」。增加工資，應視工人的生活程度和資方的營業狀況，定一標準工資。假使生活程度高而營業狀況好，薪金自應增加。生活程度低而營業狀況好，論功行賞，薪金亦可酌加。生活程度高而營業狀況劣，則須視雙方情形，妥爲調處。至若生活程度低而營業狀況又不好，此等超過標準的加薪，工會自不能因要求不遂而罷。至於第三條所列舉各種事業，如國家行政交通軍事工業，國營產業，教育事業，公用事業的工人所組織的工會，其關係已如前述（參考中政會的解釋），自不能准其罷工。工會假使不受主管官署的監督，或不遵主管官署的命令，如工會法第三十七條二三兩項：「違反法規情節重大者」，「破壞安寧秩序或妨害公益者」，主管官署可以把他解散。「工會之解散，除合併分立或破產外，其財產應速行清算」。至若健全的工會，依據工會法，一、免課所得稅，營業稅和登記稅；二、於其債務人破產時，對其財產可以要求優先清償；三、對其會員，雇主不得以其爲工會會員或職員而解雇及其他不利益的待遇，並不得以不理工會會務不入工會或退會爲雇用的條件。

（附載一）工會法

民國十八年十月二十一日公布十一月一日施行

設立

第一條　凡同一產業或同一職業之男女工人，以增進知識技能，發達生產，維持改善勞動條件及生活爲目的，集合十六歲以上現在從事業務之產業工人人數在一百人以上或同一職業工人人數在五十人以上時，得適用本法，組織工會。

產業工會職業工會之種類，另以命令定之。

第二條　工人具有左列資格之一者，雖非屬於同一職業或同一產業，得加入其工會爲會員。但雇主或其代理人，不在此限：

一　曾選任爲其工會之職員者；

二　曾爲同一產業或職業之工人者。

第三條　國家行政交通軍事工業，國營產業，教育事業，公用事業各機關之職員及雇用員役，不得援用本法組織工會。

第四條　工會之主管監督機關爲其所在地之省市縣政府。

第五條　發起組織工會，須依第一條所規定人數之連署，推出代表五人至九人，提出立案請求書，並附具章程及代表之履歷各二份，向主管官署呈請立案。

主管官署接到立案請求書後，須於兩星期內審查批示。如有令其更正或查復者，對於更正後之請求書或查復後之呈報，亦同。

工會呈准立案後，須於三星期內將其成立日期及選出職員之履歷住址，呈主管官署。主管官署接到呈報後，須即公告之。

未經呈准立案及爲前項之呈報者，不得享受本法所規定之權利及保障。

第六條　在同一區域內之同一職業工人或同一產業工人，只得設立一個工會。

第七條　發起組織工會，開創立大會，議定章程。

前項章程之議定，須得發起人四分之三以上之同意。

第八條　工會章程，須載明左列事項：

一　名稱；

二　目的；

三　區域及會址；

四　會員之資格及其權利義務之規定。

五　會員入會退會及除名之規定；

六　職員之規定；

七　會議之規定；

八　會費及其他會計之規定；

九　互助事業之規定；

十　章程變更之規定。

第九條　章程之變更，非經主管官署之認可，不生效力。

第十條　工會爲法人。

工會不得爲營利事業。

第十一條　工會須設理事。
理事由會員中選任之，但有必要時經主管官署之認可，得選非工會會員任之。
理事處理工會一切事務，對外代表工會。
對於理事代表權所加之限制，不得對抗善意第三人。

第十二條　工會之理事或其代理人。因執行職務所加於他人之損害，工會須負連帶賠償之責任。但因關於勞動條件，使會員爲協同之行爲，或對於會員之行爲加以限制，致使雇主受雇用關係上之損害者，不在此限。
工會職員及會員私人之對外行爲，工會不負其責任。

第十三條　左列事項，須經會員大會或代表大會之議決：
一　工會章程之變更；
二　經費之收支預算；
三　事業報告及收支決算之承認；
四　勞動條件之維持或變更；
五　基金之設立管理及處分；
六　會內公共事業之創辦；
七　工會聯合會之組織及其加入或脫退；

八　工會之解散合併或分立。

第十四條　工會得依章程或大會之決議，設置監事。監事掌理審核工會簿記帳目，稽查各種事業進行狀況，及監察各職員之職務，監事須由會員中選任之。

任　務

第十五條　工會之職務如左：

一　團體協約之締結修改或廢止，但非經主管官署之認可，不生效力；

二　會員之職業介紹及職業介紹所之設置；

三　儲蓄機關、勞動保險、醫院、診治所、及托兒所之舉辦；

四　生產、消費、購買、信用、住宅等各種合作社之組織；

五　職業敎育及其他勞工敎育之舉辦；

六　圖書館及書報社之設置；

七　出版物之印行；

八　會員懇親會俱樂部及其他各項娛樂之設備；

九　工會或會員間糾紛事件之調處；

十　勞資間糾紛事件之調處；

十一　關於勞動法規之規定改廢事項，得陳述其意見於行政機關法院及立法機關，並答復行政機關法院及立法機關之咨詢；

十二　調查工人家庭生計經濟狀況及其就業失業並編製勞工統計。

十三　其他有關於改良工作狀況增進會員利益之事業。

工會如尚未舉辦前項所列或其章程所訂定之互助事業，而主管官署認爲有舉辦之必要時，得派員協助辦理之。

第十六條　第三條所列舉各種事業之工人所組織之工會，無締結團體協約權。

第十七條　工會得向其會員徵收會費，但入會費每人不得超過一元，經常費不得超過各該會員所入百分之二。特別基金臨時募集金或股金，須呈經主管官署核准後，方得徵收。

第十八條　工會每六個月應將財產狀況，報告會員；如會員有十分之一以上之連署，得選派代表查核工會之財產狀況。

監督

第十九條　工人只得加入於同一職業或同一產業之一工會。

第二十條　工會不得強迫工人入會，及阻止其退會。

工會不得拒絕法律章程上認爲合格之人入會，亦不得允許法律章程上認爲不合格之人入會。

第二十一條　工會會員得隨時退出工會，但工會章程定有退會預告期間者，須先預告。

工會不得妨害未入工會工人之工作。

前項預告期間，不得超過一個月。

第二十二條　工會對於會員所處之罰款，不得超過其三日之工資。工會非有正當理由及得會員三分之二以上之同意，不得將其會員除名。

第二十三條　勞資間之糾紛，非經過調解仲裁程序後，於會員大會以無記名投票得全體會員三分之二以上之同意，不得宣言罷工。

工會於罷工時，不得妨害公共秩序之安寧及加危害於雇主或他人之生命財產。

工會不得要求超過標準工資之加薪而宣言罷工。

第三條所列舉各事業工人組織之工會，不得宣言罷工。

第二十四條　工會章程或理事與其他職員有變更時，須即行呈報主管官署，並由主管官署於兩星期內公告之。在公告前，不得以其變更對抗第三者。

第二十五條　工會呈准立案後，須提出空白之會員名簿及會計簿各二份於主管官署，請求蓋印。嗣後更用新簿，亦同。

前項會員名簿及會計簿記載後，一存會所，一繳主管官署。

會員名簿，須記載會員之姓名、人數、入會年月日、就業處所及其就業、失業、移動、死亡、傷害之狀況。

會計簿之收支記載，須另册編號，黏附收據。如主管官署認爲必要時，得令工會雇用會計師鑑訂之。

第二十六條　工會在每年六月內及十二月內，應將下列各項表册帳簿，呈報主管官署；主管官署認爲必要時，得令工會隨時報告；

一　職員之姓名履歷；

二　會員名簿；

三　會計簿；

四　事業經營之狀況；

五　各項糾紛事件之經過；

第二十七條　工會、工會職員或會員，不得有左列各項行爲：

一　封鎖商店或工廠；

二　擅取或毀損商店工廠之貨物器具；

三　逮捕或毆擊工人與雇主；

四　限制雇主雇用其介紹之工人；
五　集會或巡行時携帶武器；
六　對於工人之勒索；
七　命令會員怠工；
八　擅行抽收佣金或捐項。

第二十八條　工會之選舉或決議有違背法令或章程時，主管官署得撤消之。

第二十九條　工會章程有違背法令時，主管官署得令其變更之。

第三十條　對前兩條之處分有不服者，得提起訴願。但訴願之提起，須於處分決定之日起三十日內爲之。

保護

第三十一條　雇主或其代理人，不得因工人爲工會會員或職員而拒絕雇用或解雇及爲其他不利益之待遇。

第三十二條　雇主或其代理人，對於工人不得以不理工會職務不入工會或退會爲雇用條件。

第三十三條　雇主或其代理人，在勞資糾紛之調解仲裁期間內，不得解雇工人。

第三十四條　工會免課所得稅營業稅及登記稅。

第三十五條　工會於其債務人破產時，對其財產有要求優先清償之權利。

第三十六條　工會所有之下列各項財產，不得沒收：

一　會所、學校、圖書館、書報社、俱樂部、醫院、診治所、托兒所、生產消費住宅購買等合作社之動產及不動產；

二　工會基金、勞動保險金。

解　散

第三十七條　工會有左列情事之一時，主管官署得解散之：

一　存立之基本要件不具備者；

二　違反法規情節重大者；

三　破壞安寧秩序或有妨害公益者。

第三十八條　工會除依前條命令解散外，得因左列事由之一宣告解散：

一　大會決議解散，但須經主管官署之認可；

二　章程內規定解散事由之發生；

三　工會之破產；

四　會員人數之不足；

五　工會之合併或分立。

第三十九條　工會之合併或分立，須經由關係各工會之會員二分之一以上之同意，並須得主管官署之認可。

第　四　十　條　合併後繼續存在或新成立之工會，承繼因合併而消滅之工會之權利義務。因分立而成立之工會，承繼因分立而消滅之工會或分立後繼續存在之工會之權利義務。其承繼權利義務之部分，須在議決分立時議決之，並須得主管官署之核准。

第四十一條　工會於合併或分立前，須公告其債權人，於一個月以上之一定期間內，聲明異議。但對於其已知之債權人，須按名催告之。

債權人於前項之一定期間內聲明異議時，工會非先行清償或供相當之擔保，不得合併或分立。

違反前二項之規定而爲合併或分立者，不得以之對抗該債權人。

第四十二條　工會之解散，除由命令解散外，須於二星期內將解散事由及年月日，呈報主管官署。

第四十三條　工會之解散，除合併分立或破產外，其財產應速行清算。

前項清算依民法法人之規定。

第四十四條　工會解散後，除清償債務外，其存餘財產之歸屬，應依其章程之規定或大會之決議。無規定及決議時，歸屬於該會所加入之工會聯合會。未加入工會聯合會者，歸屬於工會會址所在地之地方自治團體。

聯　合

第四十五條　工會爲謀增進會員間之智識技能、發達生產、辦理互助事業，得聯合同一產業或職業之工會，呈經主管官署之核准，組織工會聯合會。

組織工會聯合會時，須召集各關係工會開聯合大會，議定章程，並須經主管官署之核准。

工會聯合會除前二項規定外，準用本法關於工會之規定。

第四十六條　工會非得政府之認可，不得與外國任何工會聯合。

罰　則

第四十七條　工會職員或會員，有第二十七條各項行爲之一時，處以二百元以下之罰金；但其行爲有犯刑法者，仍依刑法處罰之。

第四十八條　雇主或其代理人，違反第三十一條第三十二條之規定時，得處之三百元以下之罰金。

第四十九條　雇主或其代理人，違反第三十三條之規定解雇工人時，得按每解雇工人一名，處以十元以上一百元以下之罰金。

第五十條　工會之理事，有左列情事之一時，得處以一百元以下之罰鍰：
一　關於第二十四條第二十六條第四十二條第五十一條之事項，不爲呈報，或爲虛僞之呈報；
二　違反第二十五條之規定及第二十九條之命令者；
三　違反第四十一條第一項第二項之規定而爲合併或分立者。

附　則

第五十一條　本法施行前已成立之工會，應自本法施行之日起二個月內，依第五條之程序，從新立案。

第五十二條　本法施行前，在同一區域內已有兩個以上之同一產業或同一職業之工會，自本法施行之日起二個月內，須行合併。

第五十三條　本法施行日期，以命令定之。

（附載二） 工會法疑義解釋

疑義

中華民國十八年十二月四日上海市社會局呈請　市政府轉呈　中央解釋

一、第一條所稱之男女工人，其界說並未明定。究竟何種人方合本法所稱之工人？以用勞力者爲限乎？抑包含用腦力者乎？所謂產業與職業，似指新式機器工業與舊式工商業而言，但「產業工人」四字，是否包括產業工廠之職員與雇工全部而言？抑或專指雇工？「職業工人」四字，是否包括各該業之職員與工役而言？抑或專指工役？如係包括職員與工役，則此項職員工役，是否應合組一個產業工會或職業工會？抑或各別組織？

二、如同一產業或同一職業之工人，在同一區域內人數達數千人，是否經五十人或一百人以上之發起組織工會，即可不問其會員人數究佔該業全體工人總數之多少，一概准予成立？

三、依第四條之規定，工會得因會員人數之不足，宣告解散，可見工會當有法定會員人數；此項人數，是否以該區域內該同一產業或職業之全體工人之過半數爲成立工會之法定會員人數？

四、凡曾任工會雇員如書記幹事之類，是否可援用本法第二條第一款之規定，加入工會爲會員？

五、第三條所規定各機關之雇用員役不得援用本法組織工會，但此項員役與工人究應如何區別？如雇用員役已有工會組織或已加入工人組織之工會者，是否應卽解散或令退出？抑另有其他特種工會法？

六、第三條所舉之各種事業，是否專指國家辦理者而言？

七、工會爲特種社團，依照中央黨部決議案，其設立應先得許可，方准籌備，籌備完竣，審查合格，方准立案；是其程序，許可爲第一步，應在籌備以前，而立案爲第二步，當在籌備完竣以後；今依工會法第五條之規定，發起時卽得呈請立案，呈准立案後方再進行籌備，迨呈報成立時，主管官署對於其所選任之職員，只有公告之職權，如認爲有不合格時，應如何處置？其程序亦與中央決議案所規定者不符，究應如何辦理？應否改第一步呈請立案爲呈請許可設立，改第二步呈報成立爲呈請立案，俾與中央議決案不致牴觸？

八、營利事業之種類，尙無規定；如果工會以生產合作社名義爲營利事業時，應如何處置？

九、理事及監事是否只設一人，抑或可設數人？如係指設數理事或監事，而條文並無理事會或監事會之規定，是否各個理事或監事均可單獨對外？有無流弊？

十、第十一條所列之非工會會員，是否係指普通任何人而言？

十一、工會理事之代理人，有無資格之規定？

十二、依第十六條之規定，第三條所列舉各種事業之工人所組織之工會，無締結團體協約權，但事實上如在本法施行前已與資方締結團體協約者，應如何處理？如資方藉口本法第十六條之規定不履行前項已訂協約時，應如何處理？

十三、依第二十條之規定，工會對於會員退會後或被開除會籍後之業務工作，是否絕對不得干涉或妨害？

十四、依第二十一條之規定，如工會會員受資方運動退出工會因而使工會不足法定人數時，有無補救辦法？

十五、工會會員退會後，仍充職業或產業工人，固不得享受本法第四節保護之權利，但未退會以前，如有勞資爭議事件，曾以工會名義取得調解或仲裁上工人一般之權利者，應否許其繼續享受？

十六、依第三十八條之規定，工會得因合併或分立宣告解散，但查第六條規定在同一區域內之同一職業工人或同一產業工人，只得設立一工會，則又未便容許同業之工會可以分立，亦未便容許不同業之工會可以合併，所謂合併與分立，果何所指？

十七、主管官署對於已成立之工會，如認爲有合併或分立之必要時，如其關係各工會會員未能同意，是否可以強制執行？

十八、依第六條之規定，在同一區域內之同一職業或產業工人，只得設立一個工會；所謂同一區域，有無界限？依第四條觀察，似以省市縣爲區域，省爲包含多數之縣及普通市，當然不能爲工會區域之單位，市（特別市與普通市）與縣似可爲同一區域解；但嚴格言之，市縣區域內一業只須有一個工會，事實上必感困難；內地之縣包含多少鄉鎮姑不論，即就上海特別市而言，苟認全市爲同一區域，則全市各業（產業或職業）工人只許各組一個工會，例如准有全市紗廠工會，全市絲廠工會，全市棉織廠工會等，而各廠工人不能單獨設立工會，全市亦不能劃分數區設立區工會，在監督上固感困難，在工會組織程序上亦缺少其基礎；如果現在各廠已有單獨工會者，是否即概令解散，從事合併？依此實行，有無流弊？

十九、依第五十條之規定，對於工會理事處罰時，如理事不止一人，是否分別執行？設遇違反同條第一款之規定，對於第五十一條事項不爲呈報或爲虛僞之呈報因而執行罰則時，該工會尚無理事名稱，其現任職員，僅有執行委員及常務委員等，究應對何人適用前項罰則？

二十、工會，工會職員或會員，如有違反第十第十三第十七第十八第二十第二十二第二十三各條之規定時，並無罰則規定。應如何處理？

二十一、本法施行前已成立之工會，事實上既已成立，必早有當選職員，如依第五十一條之規定，應於兩個月內依第五條之程序從新立案，是否應令其回復至發起時期，重推代表，呈請立案？抑或只須責成原有職員，依照手續呈請立案？

解釋

中華民國十九年六月二十一日奉　上海市政府第四八〇二號訓令經立法院第九十二次會議議決解釋工會法疑點

一、原清單第一點所稱產業與職業之區別，應依照工會法施行法第二條規定解釋；至產業及職業之職員，除工會法第三條所定限制外，可視爲包括在內。

二、第二點所稱同一產業或同一職業之工人，在同一區域內，是否經五十人或一百人以上之發起組織工會，卽可不問會員人數准予成立一節；查組織工會既有工會法第六條之限制，產業工人人數在一百人以上，職業工人人數在五十人以上，卽適用工會法組織工會。

三、第三點所稱如人數不足宣告解散一節，查工商部核議謂同法第三十八條所謂工會因會員人數不足，宣告解散，當係指第一條所規定組織工會之法定人數而言，似非以全體工人過半數爲成立工會之法定人數等語，與立法原意尚無出入，自可照此釋解。

四、第四點所稱曾任工會雇員是否可加入工會爲會員一節；查工會法第二條第一款規定曾選任爲其工會之職員者，始得加入其工會爲會員，雇員不在此例。

五、第五點所稱各機關之雇用員役與工人究應如何區別及雇用員役已有工會組織或已加入工人組織之工會者，是否應卽解散或令退出一節；查員役與工人區別之處，工會法施行法第四條業經明白規定，自可依據辦理其雇用員役，如已有工會組織或已加入工人組織之工會者，應令解散或退出。

六、第六點所稱第三條所舉各種事業，是否專指國家辦理者而言一節；查工會法第三條所列舉各機關，不專指國家辦理者而言，原文已明白規定。

七、第七點所稱工會設立之程序，應如何辦理一節；應依據人民團體組織方案辦理：

八、第八點所稱工會以生產合作社名義爲營利事業時，應如何處置一節；應依照工會法施行法第二十條之規定辦理。

九、第九點所稱理事監事人數，及各個理事監事是否可以單獨對外一節；查理事監事人數，工會法施行法第十四條已有規定；至理事監事之職權，可各依其章程之規定，無規定者依民法法人之規定。

十、第十點所稱第十一條所列非工會會員，是否係指普通任何人而言一節；查工會法第十一條所稱得選任非工會會員，應解釋爲凡會員以外之任何人，皆可選任，但以經主管官署之認可者爲限。

十一、第十一點所稱工會理事之代理人，有無資格之規定一節，應依照工會法施行法第二十一條之規定。

十二、第十二點所稱依第十六條規定，第三條所列舉各種事業之工人所組織之工會無締結團體協約權，但事實上如在本法施行前已由資方締結團體協約者，應如何辦理一節；工會法施行前，如有與工會法衝突者，已締結之團體協約，應作爲無效；又查第三條所列舉各事業既係以國營爲主，當然注重於工人之利益，且所謂不發生效力者，以團體協約之效力爲限，但仍不妨有一般契約之效力。

十三、第十三點所稱依第二十條之規定，工會對於會員退會後或被開除會籍後之業務工作，是否絕對不得干涉或妨害一節；查工會法之規定，工會對於工人不論其未曾加入工會或已加入工會或已加入而退出者，工會皆不得干涉或妨害其工作，自應依據辦理。

十四、第十四點所稱依二十一條之規定，如工會會員受資方運動退出工會，因而使工會不足法定人數時，有無補救辦法一節；查工會法規定雇主對於工人不得以退會爲雇用條件，是對於資方運動行爲，已經加以限制，而依照工會法第一條規定之人數，如欲使其不足法定人數，在事實上亦決不致發生此項情況也。

十五、第十五點所稱工會會員退會後，仍充職業或產業工人，固不得享受本法第四節保護之權利，但未退會以前如有勞資爭議事件曾以工會名義取得調解或仲裁上工人一般之權利者，應否許其繼續享受一節；查工會法第四節保護各條內第三十三條在勞資糾紛之調解仲裁期間內不得解雇工人，與此有關，但無工會會員與非工會會員之規定，自應一律待遇，其已取得調解或仲裁上工人一般之權利者，應許其繼續享受。

十六、第十六點所稱依第三十八條之規定，工會得因合併或分立宣告解散，但查第六條規定在同區域內之同一職業工人或同一產業工人只得設立一工會，則又未便容許同業之工會可以分立亦不便容許不同業之工會可以合併，所謂合併與分立果何所指一節；合併與分立之解釋，應依照工會法施行法第二十三條之規定。

十七、第十七點所稱主管官署對於已成立之工會，如認爲有合併或分立之必要時，如其關係各工會會員未能同意，是否可以強制執行一節；主管官署對於所屬工會之處分，認爲有必要時，自應有強制執行之權。

十八、第十八點所稱依第六條之規定，在同一區域內之同一職業或產業工人只得設立一個工會，所謂同一區域有無界限，如果現在各廠已有單獨工會者是否卽概令解除從事合併，依此實行，有無流弊一節；查此項區域之界限，應依據工會法施行法第七條之規定，由主管官署斟酌當地情形，妥爲劃分，並須調查習慣及實際情形定之。

十九、第十九點所稱依第五十條之規定對於工會理事處罰時，如理事不止一人，是否分別執行，設遇違反同條第一款之規定，對於第五十一條事項不爲呈報或爲虛僞之呈報，因而執行罰則時，該工會尚無理事名稱其現任職員僅有執行委員及常務委員等，究應對何人適用前項罰則一節；對於工會理事處罰時，於負責之理事應分別執行；無理事名稱者，不論任何名稱，其行使理事職務者，依照處罰。

二十、第二十點所稱工會職員或會員如有違反第十第十三第十七第十八第二十第二十二第二十三各條之規定時，並無罰則規定，應如何處理一節；工會職員或會員如有違反所列各條規定時，應由主管官署察其情節之輕重，分別辦理，輕則禁止，重則依照工會法第三十七條解散之；至違反第十三條者，不發生效力；違反第十八條者，會員可以自行監督。

二十一、第二十一點所稱本法施行前已成立之工會，事實上既已成立，必早有當選職員，如依第五十一條之規定應於兩個月內依第五條之程序，從新立案，是否應令其回復至發起時期重推代表呈請立案，抑或只須責成原有職員依照手續呈請立案一節；應只責成原有職員依照手續呈請立案。

以上係就行政院轉送上海特別市政府呈請解釋工會法各疑點而加以解釋者。再工商部呈請行政院原文，稱：抑本部更有進言者，關於工會區域，不惟一縣之內應否劃分成爲問題，其有一事業之範圍超出一縣或一市及超出一省或一特別市者，區域如何核定，由何機關核定，似有明白解釋之必要。又工會法第四條規定工會之主管監督機關爲其所在地之省市縣政府，但如一事業之範圍超出一省或一特別市者，究由何機關主管監督，似亦應行規定。再工會法第五十一條規定本法施行前已成立之工會應自本法施行之日起從新立案，否則應受同法第五十條之處罰，但自工會法施行後，各省市因解釋疑義之案一時尚難解決，每致逾越第五十一條所定之限期，可否酌予展期？以上三項，本部未便擅擬，理合併案呈請鑒核，或連同上海特別市政府所開清單第十八、十九、二十、二十一各點疑義，一併轉咨立法院審議等語。查工會區域應如何劃分，應由主管官署依工會法施行法第七條之規定，酌量辦理。至工會法施行後各省市因解釋疑義之案一時尚難解決每致逾越第五十一條所定之期限可否酌予展期一節，應照工會法施行法第二十四條之規定，呈准國民政府酌量展期。

（附載三）工會法施行法

十九年六月六日國民政府公布

第一條　工會名稱應爲某地某業工會。

第二條　集合同一企業內各部分不同職業之工人所組織者，爲產業工會；集合同一職業之工人所組織者，爲職業工會。

第三條　曾選任爲其工會之職員及曾爲同一產業或職業之工人者，須有工會或工廠之證明。

第四條　官吏、技師、教員、管理員、事務員及其他委任以上或聘用之人員，爲職員；錄事、勤務及所屬工廠之司書、書記、及無關工業工作之雇用人員，爲雇員：適用工會法第三條之規定。

第五條　工會法第三條所列舉各機關之工人，均得依工會法組織工會。

第六條　凡從事於工會法第三條所列舉事業以外之同一產業或同一職業之被雇人員，無論其爲職員員役或工人，均得依工會法加入工會。但代表雇主行使管理權者不在此限。

第七條　工會之區域，以市或縣之行政區域爲其區域，但有特別情形時，得由主管官署另行劃定。

第八條　一市或一縣之工會，以市政府縣政府爲主管官署；超過一市或一縣之工會，以省政府爲主管官署；工會法第三條所列舉各事業工人所組織之工會，其主管官署爲該事業之主管官署。

第九條　發起組織工會之代表，其責任於工會成立日終止，應即將經手會務款項移交工會。

第十條　工會之成立合併分立聯合或解散，主管官署於立案認可或核准後，即轉報工商部備案。

第十一條　工會呈准立案後，由主管官署刊發圖記，並給予證書。

第十二條　工會圖記、證書、會員名簿、會計簿等式樣，由工商部定之。

第十三條　工會每年至少應開會員大會一次，並應於二星期前呈明主管官署。

第十四條　工會得設理事五人至九人，監事三人至五人。

第十五條　年滿二十五歲以上者，始得被選爲工會之理事或監事。

第十六條　理事監事由會員大會選舉之，以得票多數者爲當選，並得以次多數者爲候補理事監事。但候補理事不得逾四人，候補監事不得逾二人。

前項選舉，須有會員過半數之出席。

第十七條　理事監事任期一年，但得連選連任。

第十八條　遞補之理事監事，以補足原任之任期為限。

第十九條　當選之理事監事，自接到工會通知後，如不願就任時。應於二十日內聲明之。

第二十條　工會以增進會員利益為目的辦理之生產消費購買信用住宅等各種合作社，視為非營利事業。

第二十一條　理事或監事，因故不能執行事務或出席會議時，得委託候補理事或候補監事代理之。

第二十二條　工會法所稱之會員收入及工資，應將雇主供給之宿膳計算在內，以最近三個月之平均價值為標準。

第二十三條　工會法所稱之合併或分立，謂因事業性質上之關係或聯合組織變更而發生合併或分立。

第二十四條　工會法第五十一條及第五十二條所定之期限，於必要時得由國民政府酌量展期。

第二十五條　本施行法自公布之日施行。

（附載四）人民團體組織方案

十九年七月十七日第三屆中央執行委員會第一〇二次常務會議通過

本黨自第二屆四中全會以來，已經歷次決議，確定人民團體組織行動之綱領；第三次全國代表大會，關於民衆運動之標的，於原則上確定四端；三屆二中全會本此四項原則，更制定人民團體組織方案。其四項原則之大意如左：

一　民衆運動必須以人民在社會生存上之需要爲出發點，而造成其爲有組織之人民。

二　全國農工已得有相當之組織者。今後必須由本黨協助之，使增進智識與技能，提高其社會道德之標準，促進其生產力與生產額，而達到改善人民生計之目的。

三　農業經濟佔中國國民經濟之主要部分，今後之民衆運動，必須以扶植農村教育、農村組織、合作運動、及灌輸農業新生產方法爲主要之任務。

四　本黨對於男女青年，今後應竭力作成學校以內之自治生活，實行男女普遍的體育訓練，提倡科學與文藝之集會結社，與出版獎勵實用科學的研究與發明。

此兩年間，國民政府根據本黨所確定之原則，制爲各種法律及條例；凡屬人民團體，均已有所依據。惟法令之頒行未久，人民對於法治之素養不深，已有組織者則未盡合法，未有組織者尙不知應如何進行。兼以智識缺乏，利害不明之故，往往爲危害民國擾亂社會之反動分子所利用挑撥而不自知。當此訓政開始之時，一面應由政府依據法律，以定其獎勵制裁；而同時亦應由黨部依據本黨所決定之原則，教以合法之途徑。蓋美善之主義，非法不行，正確之民意，非法不顯，而行法守法之道，又非指導無以爲功也。玆爲指導民衆依法組織團體，以謀其各自所應求得之幸福，而達到國民革命完成之目的起見，特根據本黨決議，更定人民團體組織方案如下：

人民團體之分類

本案所稱之人民團體，除地方自治團體另有規定外，分爲職業團體及社會團體兩種：

一　職業團體如農會、工會、商會、工商同業公會等；

二　社會團體如學生團體、婦女團體、文化團體、宗教團體、各種慈善團體等。

黨部及政府對人民團體之關係

本黨對於依此標的所組織之人民團體，應盡力扶植，並加以指導；對於非法團體，或有違反三民主義的行爲之團體，應嚴加糾正，或盡力檢舉，由政府分別制裁之。

人民團體組織程序

職業團體如農會工會商會工商同業公會等，社會團體如學生團體婦女團體文化團體宗教團體各種慈善團體等，除法律另有規定外，其組織依左列程序爲之：

一　凡欲組織職業團體者，須於上列各職業有同業關係並於當地有住所之發起人五十人以上之連署，欲組織社會團體者，須由在當地有住所並有正當業務之發起人三十人以上之連署，推舉代表，具備理由書，先向當地高級黨部申請許可。

（附註）凡欲組織職業團體，有同業關係者，除農會法規正在起草中，將來頒布後應依據新法組織外；欲組織工會者，須有工會法第一條至第三條所定之資格；欲組織工商同業公會者，須有工商同業公會法第三條所定之資格；欲組織慈善團體者，須有監督慈善團體法第四條之資格等，是其例。

二　接受申請之黨部，應卽派員前往視察，如認爲不合，當據理駁斥，認爲合法時，卽核發許可證，並派員指導。

指導員之任用及其工作方法，由本黨中央常務委員會另定之。

三　許可證內載明將來組織之團體，必須遵守左列事項：

1. 不得有違反三民主義之言論及行爲；
2. 接受中國國民黨之指揮；
3. 遵守國家法律服從政府命令；
4. 職業團體會員以眞正同業者及法律所許可之人爲限；
   社會團體會員以有正當職業者爲限；
5. 有反革命行爲或受剝奪公權及開除黨籍處分者不得爲會員；
6. 除例會外各項會議須得當地高級黨部及主管官署之許可方可召集；
7. 違反上列規定者受應得之處分。

（附註）應得處分。如工會法第三十七條及第四十七條至第五十條，監督慈善團體法第十一條等之所定。

四　發起人領得許可證後，得組織籌備會，推定籌備員，並呈報主管官署備案。

五　籌備會應照民法第四十七條及其他法令之所定，擬定章程草案，呈請當地高級黨部核准，並呈報政府後，始得進行組織。

六　前項章程草案，應依民法第四十八條及其他法令所定之事項，詳細記載。

（附註）其他法令所定之事項，如工會法第八條，商會法第七條，工商同業公會法第四條，婦女團體組織大綱第六條，文化團體組織大綱第五條等之類。

七　團體組織完成，其章程經當地高級黨部覆核後，呈請政府備案。凡人民團體應在黨部指導政府監督之下組織之，而其中之社會團體，除有特別法令規定者應從特別法令之規定外，一切以公益爲目的之社團財團，並須依民法第四十八條呈請主管官署備案，其一切組織方法章程內容，均須具備民法所規定之條件。

八　本方案實行前已有組織之人民團體，其組織內容與本方案不合者，當地高級黨部應令其改組。

工廠法

童工

童工，是近代不良的經濟組織中的不幸的產物。近代經濟組織不良，一個工人的收入，不能養家活口，不得不把年幼的兒女，送入工廠去做工。工廠的組織周密，分工極細，很難的工作中，也有容易的工作，所以七八九歲的兒童，也能加入生產組織，出賣他們的勞力。而在廠主呢，因為童工的工資很低，而且容易駕馭，所以喜歡雇用童工，凡是童工能做的工作，決不願雇成年工人來擔任。一般社會，對於這個問題也漠不關心，忍令許多黃毛未脫的孩童，迫著去做煤鐵的奴隸。因此，產業發達的都市，無一不有成千成萬的童工，在那裏度著殘酷的生活。現在把上海市各業工廠的童工人數，列表如下：

工廠類別	十二歲以下之男工人數	十二歲以下之女工人數	十二歲以下之童工總人數
染織工廠	三、五二〇	一六、七三七	二〇、二五七

機械工廠	四三〇	三五〇	六八〇
化學工廠	——	六〇	六〇
飲食品工廠	二四七	三一八	五六五
雜業工廠	一〇八	二三〇	三三八
特別工廠	——	——	——
各廠合計	四、三〇五	一七、六九五	二一、九〇〇

兒童在七八九歲乃至十二三歲的時代，身體的發育未全，初等的教育未受，童年勞動，很足以促短壽命，減少智識。所以各國的勞動立法，對於童工的限制很嚴，對於童工的待遇較優。例如英國。英國童工的最低年齡是十四歲；未滿十四歲的兒童，不准加入工廠去做工。就是達到年齡，還要看他教育的程度，和身體的健康：教育程度，須要能讀、能寫、能算；身體健康，須有醫生的證明。兒童得了年齡證明書、學校證明書、醫生證明書，才可加入工廠去做工；沒有這種證明書的人，工廠不敢雇用——用了就是違法，應受罰金的處分。又如美國，美國各州的勞動

法，對於童工的限制和保護，大概都有下列的規定：一、凡不及工作年齡者，不許做工；二、凡身體不合格者，不許做工；三、必須有教育的設備；四、每日勞動時間必須嚴爲規定；五、禁止夜工；六、兒童自十四歲以上至十六歲者，方可給以工作憑照；七、凡有危險性的工作，不許兒童參加。其他各國，對於童工的限制和保護，勞動法上也有相同的規定，玆將各國童工、少年工、成年工的法定年齡，列表如下：

國別	童工	少年工	女工	男工
英國	最低十四歲	十四歲以上至十八歲	十八歲以上	十八歲以上
法國	最低十六歲	十六歲以上至十八歲	十八歲以上	十八歲以上
德國	最低十四歲	十四歲以上至十六歲	十六歲以上	十六歲以上
俄國		十六歲以上至十八歲	十八歲以上	十八歲以上
日本	最低十五歲		十五歲以上	十五歲以上
瑞士	最低十六歲	十六歲以上至十八歲	十八歲以上	十八歲以上

中國工廠法，規定「男女工人在十四歲以上未滿十六歲者爲童工」。「凡未滿十四歲之男女，工廠不得雇用爲工廠工人」；但「十二歲以上未滿十四歲之男女，在本法公布前已於工廠工作者，本法施行時，得由主管官署核准寬其年限」。童工只准從事輕便工作，工廠法第七條規定：「童工——不得從事左列各種工作：一、處理有爆發性引火性或有毒質之物品；二、有磚塵粉末或有毒氣體散布場所之工作；三、運轉機器或動力傳導裝置危險部分之掃除上油檢查修理及上卸皮帶繩索等事；四、高壓電線之銜接；五、已溶礦物或礦滓之處理；六、鍋爐之燒火；七、其他害風紀或有危險性之工作」。至於童工的工作時間，每日不得超過八小時，並不得在午後七時至翌晨六時之間，從事工作。工廠違反這種規定時，政府得處以一百元以上五百元以下的罰金。（工廠法第六十八條）又，「工廠對於童工及學徒，應使受補習教育，並負擔其費用之全部。其補習教育之時間，每星期至少必有十小時」。工廠違背上項規定時，政府應處以五百元以下的罰金。（工廠法第七十一條）

與童工同其命運者，尚有所謂學徒；而學徒的待遇，實較一般童工尤爲苦。所以工廠法規定：關於學徒的年齡，時間，和工作的限制，準用本法關於童工的規定。凡工廠收用學徒，應該和學徒本人或學徒的家長，訂立契約，一式三份：雙方當事人各執一份，另一份則送主管官署——在市爲市政府在縣爲縣政府，備案。契約內容，依據工廠法第五十六條，應該如此：「一、學徒姓名年齡籍貫及住址；二、學習職業之種類；三、契約締結之日期及其存續期間；四、相互之義務：如約定學徒須納學費時，其學費額及其給付期；如約定學徒應受報酬時，其報酬額及其給付期」。「前項契約，不得限制學徒於學習期滿後營業之自由」。至於學習期內的膳宿醫藥費用，應由工廠負擔，並須酌給零用，（普通第一年月給一元，第二年月給二元，第三年月給三元；然亦有月得十元以上者，如上海商務印書館和上海各大染廠的學徒）。若在學習期間，不得廠方同意而中途離廠，學徒或其法定代理人，應該償還學習期內的膳宿醫藥費。但若「一、工廠違反工作契約或勞動法令的重要規定時；二、工廠無故不按時發給工資時；三、工廠虐待工人時；四、工廠不能履行其契約上之義務時；五、工廠對於學徒危害其健康或墮落其品行時」——工廠如有上列情事之一時，學徒就可終止契約。反之，假使學徒有下列情事之一時，工廠也可終止契約：一、屢次違反工廠規則者；二、無故繼續曠工至三日以上或一個月內無故曠工至六日以上者；三、反抗正當之教導者；四、有偷竊行爲屢戒不悛者。又，工廠所收的學徒，人數不得超過普通工人三分之一；違則處以五十元以上三百元以下的罰金。又若工廠招收學徒人數過多，沒有充分機會可以傳授學徒技能時，主管官署可以飭令減少其一部，並限定以後招收學徒的最高額。

女工

女工，和童工一樣，也是產業革命後的產物，而現代不良的經濟制度，更使女工感受特別的痛苦。在產業革命以前，婦女也有從事勞動的，不過爲數很少，而且勞動方法和身體意志，都很自由，所以雖有婦女勞動者而無所謂婦女勞動問題，等到產業革命以後，一方面男工因為廠主改用機器而失業，或因減低工資而入不敷出，一家的生活，不能不待妻女來幫同解決；於是孱弱的婦女，也須到工廠去做工。另一方面，機器生產的分工細密，方法呆板，有許多工作，熟練工人固然可做，不熟練的也能擔任，於是不甚熟練的婦女，也有出賣勞力的機會。因為這兩個主要的原因，所以產業發達的都市，都有成千成萬的勞動婦女，在工廠裏做煤鐵的奴隸。現在且把中國七八年前男女工人的人數，列表比較於左：

地名	男工人數	女工人數
北平	七、五一〇	一八四
吉林	七、五九〇	二一
河南	一一、二一五	一、三三六
江蘇	四八、七〇〇	一三四、二一四
浙江	五〇、五六二	一六、〇七三

直隸	三五、三一四	四、〇二二
山東	二三、三〇六	九、九九七
山西	一一、二八一	一、〇二一
安徽	九、五〇一	一三、四六二
福建	一二、九二九	二、六二三
陝西	三、四九四	六二八

現在又把民國十五年上海一地的女工，分爲童工和成年工，列表如下：

工廠類別	十二歲以上之人數	十二歲以下之人數
染織工廠	九〇、八六一人	一六、七三七人
機械工廠	二、四七二人	三五〇人

化學工廠	五五〇人	六〇人
飲食品工廠	八、三九一人	三一八人
雜業工廠	三、二二八人	二三〇人
特別工廠	—	—
各廠共計	一〇五、五〇二人	一七、五九五人

婦女是第二代國民的母親，婦女勞動過度，容易影響兒女的健康。所以女工的勞動時間，不能任其過長，尤其是在娠孕時間和產前產後，更其需要充分的休息。各國立法例，對於婦女勞動時間雖沒有特殊的規定，然多承認八小時工作的原則。至於產後的工作，各國也有禁止的規定。

第一次國際勞動會議，關於勞動產婦的保護問題，曾有這樣的決議：

一、禁止產後六週間的工作。

二、在產前時，如提出醫生診斷書，證明於六週間內將行分娩，得有停工的權利。產後停工雖爲絕對的，而在產前，則爲本人的權利，任其自由決定。

三、在前兩項停工期間，須給以一定的費用；其費用的程度，以能扶養本人和嬰兒的十分健全爲限。而其支給方法，須依照保險制度，或依國庫及其他公共基金的支出，此外又有受醫生的免費診療或助產婦看護的權利。

四、如係自行哺育嬰兒的時候，得於工作時間中，特別給以一日兩次各三十分鐘的休息時間。

五、在產前產後的停工期間，雇主不得擅行解雇。因姙娠或分娩而致疾病，甚至請長假時，亦同。

這個條約，對於孕婦的保護，可爲周至妥貼；可惜文字如此，而事實上批准施行的，只有幾個弱小的農業國，離開實行時期還很遙遠呢！

至於我們中國，女工的工作時間，工廠法上規定說：「成年工人每日實在工作時間，以八小時爲原則；如因地方情形或工作性質有必須延長工作時間者，得定至十小時」。又第十三條說：「女工不得在午後十時至翌晨六時之時間內工作」。關於女工的工資，普通往往較低於男工。工廠法規定：「男女之同等之工作而其效力相同者，應給同等之工資」。此卽國民黨「同工同酬」之口號的實現。關於產婦的休息，工廠法規定：「女工分娩前後，應停止工作共八星期，工資照給」。至於有傷風化或帶危險性的工作，廠方不得支配女工去做；違者處以一百元以上五百元以下的罰金。——這與童工的規定相同。

工作時間

工作時間，是勞資爭議的大原因。資方要增加工作時間，勞動者要減少工作時間，兩不相下，爭議遂生。

在資方，以爲勞動力是商品的一種。一切商品，若已賣給別人，就不復爲原來的商品主人所有，而爲購買的主人所有，購買者就有使用這種商品的全權。例如米，米本爲農夫所有，然一經賣給人家，米就爲人家所有，關於米的處分問題，農夫不能再過問。同樣，勞動力固然爲勞動者所有，然一旦賣給資本家，資本家就有處分這種勞動力的全權，勞動者無權過問。例如資本家以三十元購買某甲一個月的勞動力，這一個月某甲的勞動力卽爲資本家所有，資本家有使用這種勞動力的全權。英國工人嘲笑資本家說：「英國某石礦因爲坑道發火過早，有一個坑夫，被爆發力沖到半天裏，不知怎樣，一點沒有受傷，仍舊好好的跌回地上。後來付工資的時候，雇主說這坑夫飛在空中的時間，沒有勞動，於是把那時間的工錢扣除了」。這本是一個言之過甚的笑話，但是世界上竟有類似的事實。美國紐約枯羅頓鑿溝的時候，當穿通某山時，那隧道火坑，在發火後生出有毒的瓦斯，坑夫因而暈悶了去，有幾分鐘不能工作。這中止時間內的工資，後來竟被雇主扣除去。在前，資本家延長工作時間的心理和事實，眞是令人咋舌。

在勞方看來，長時間的工作，當然是很不合理的。勞動者假使每天得到一元的工資，他所需要的工作時間——就是抵償工資的必要時間，假定是八小時；那麼這八小時以外的工作，不是爲勞動者自己工作，而是爲資本家白白的工作；（這八小時以外工作所得的利益，就是資本家所得的「剩餘價值」）。例如勞動者抵償工資的工作時間是八小時，而實際的工作時間是十小時，那麼勞動者就爲資本家多做了二小時的工作。然而資本家爲多得利潤起見，往往把工作時間任意延長到十五六小時，致使勞動者的健康和生活，發生很大的障礙。這當然是很不合理的。復次，勞動力不是商品。米在出賣之後，就和農夫完全脫離關係，對於米的處分，農夫不受絲毫的影響；而勞動力在出賣之後，卻不能和勞動者脫離關係，對於勞動力的處分，勞動者受重大的影響。而且勞動者不是機器，勞動力不能過分的使用。資本家出一天的工資，購買一天的勞力；這一天勞動力的使用，不能妨礙勞動者明天的工作，資本家只能在不妨害勞動者第二天工作的範圍內，使用他所購買的勞力。假使資本家使用過度，妨礙勞動者明天的工作，那是資本家強搶勞動者的勞動力，勞動者當然可以提抗議。

勞動者對於工作時間的抗議，最有聲色的，要推一八八六年美國芝加哥工人的八小時運動。在那一年的五月一日，芝加哥工人舉行總罷工，要求實行八小時工作，提出「工作八小時，教育八小時，休息八小時」的口號。他們的奮鬥，終究得到了勝利。他國工人繼起奮鬥，也有相當的成功。現在各國的勞動法典，都有八小時工作的規定。巴黎和約「勞動約章」內，也規定：「勞動不能視作商品或貨物」；「一日工作八小時或一週四十八小時的規定，應設法通行」。但是實際上，英國工人的勞動時間，平均一日九小時，一週五十四小時；美國工人的勞動時間，平均一日十小時，一週六十小時；德國工人的勞動時間，平均一日十二小時，一週七十二小時；日本在一九二三年的改正工場法中，依然規定一天十一小時——在有幾種產業部門則延長爲十二小時。至於我們中國工人的勞動時間，依據民國十四年的調查，略如下表：

工作	一日工作時間		
	上海	杭州	無錫
紡織工	10—18時	12—18時	12—18時
印刷工	11—12	11—12	11—12
製絲工	10—12	12—14	11—12
製襪工	12—12	10—14	11—14
製紙煙工	12—12	12—12	12—12
電器工	10—12	11—12	11—12
鐵工	10—12	10—12	10—12
麵粉工	10—12	10—11	10—11
造船工	9	9	9

根據上表，中國大多數工人的工作時間，確是很長很長的，這種很長的工作時間，自有加以取締的必要。中國工廠法第八條規定：「成年工人每日實在工作時間以八小時爲原則。如因地方情形或工作性質有必須延長工作時間者，得定至十小時」。違反本條者，處以五十元以上三百元以下的罰金。八小時工作，是誰也不能反對的，以扶助農工自任的國民黨，自應有工作八小時的規定。可是中國產業落後，工具拙劣，技術幼稚，資本短少，交通阻滯，生產品的質和量，都不及舶來的商品，而價格反較外國貨物爲昂貴。所以洋貨則充斥市面，而國貨反無人過問。民國十

六年洋貨進口淨數一、一二八、四〇五、八二九兩，入超一〇五、〇六〇、五二六兩；十七年增至一、三三一、三〇九、七六八兩，入超二二五、九四〇、三二一兩；十八年復增至一、四一〇、〇七七、六〇六兩，入超二七八、六〇一、九三四兩。年來洋貨進口，有增無減，我們要解除這種經濟困難，勢須增加生產，而欲增加生產，勢須加緊工作，延長工人的時間。而且中國工人的智識淺薄，技術拙劣，暫時只有延長工作時間來補救。譬如德國工人每週工作七十二小時，生產額四百六十六碼；英國工人每週工作五十四小時，生產額七百零六碼；美國工人每週工作六十小時，生產額一千二百碼；中國工人每週工作九十小時，生產額二百十碼——時間最長而生產額最少！我們現在要和外國競爭，打破這個經濟困難，豈不應加緊工作！所以工廠法有「如因地方情形或工作性質有必須延長工作時間者，得定至十小時」的規定。試看德國和波蘭：戰後德國勞動法典上雖也承認每日八小時工作的原則，而在「但書」下就有例外的規定。波蘭因為要和德國競爭，在一九二四年七月，把上部細勒西亞金屬工業的勞動時間，從八小時改為十小時。對於這種變更，波蘭工人曾經總罷工反對；而波蘭政府說：「我們所以延長時間，決不是對於勞動者有些什麼惡感，只因鄰邦德國，六個月以來，實行十小時勞動的範圍漸廣，我們政府當局，也曾向國際聯盟提過抗議，不幸而至於無效；因此，我們的延長勞動時間，簡直是無可奈何的事！」波蘭尚如此，遑論我產業落後的中國！所以工廠法除了第八條的「但書」外，又在第十條規定說：「除第八條之規定外，因天災事變季節之關係，仍得延長工作時間，但每日總工作時間不得超過十二小時；其延長之時間，每月不得超過三十六小時。違者處以五十元以上三百元以下的罰金。」（同法第六十九條）關於這第十條的規定，我們應該注意二點：一是「天災事變季節之關係」，沒有這種關係的，當然不准延長工作時間；一是「其延長之時間，每月不得超過三十六小時」，若一月工作二十六日，則其延長的時間，每日不得超過一小時又二十五分鐘。我們希望這種延長不要常有。我們更希望這種延長應先取得主管官署的許可。

夜工，這是一個爭論未決的問題：有人主張禁止夜工——有特殊情形者除外，有人主張日夜輪班。惟於女工和童工的夜工，則一律主張禁止。據國際勞工立法協會的調查，婦女作夜工者，對於身心俱有妨礙。作事後疲乏，非藉休息和睡眠，不能恢復原狀；而日間多不易睡熟，城市中居室湫溢者，尤爲顯著。且夜工乏缺日光，易致貧血肺癆等疾病。況深夜出外，頗於風化有關。若就經濟方面立論，則夜間工作，較之日間既少且劣，殊不上算。所以國際勞工協會於一九〇六年在瑞士開會，議決：女工在十八歲以上者，夜間須有十一小時的繼續休息；其中七小時，必在下午十時至上午五時之間。簽字各國，皆議決於一九一二年一月一日開始實行。一九一九年，國際勞工第一次會議，議決：十八歲以下的兒童，不得有夜工；十六歲至十八歲之間，可以略有例外。中國工廠法，承認成年工人的夜工，惟第九條規定：「凡工廠採用晝夜輪班制者，所有工人班次，至少每星期更換一次」。至於女工和童工，則絕對禁止夜工。工廠法第十二條說：「童工不得在午後七時至翌晨六時之時間內工作」。又第十三條說：「女工不得在午後十時至翌晨六時之時間內工作」，違者處以一百元以上五百元以下的罰金。

關於工作時間，除了最多時間和夜工的規定外，中國現行工廠法尚有下列的規定：一、一日間的休息；二、一週間的休息；三、紀念日休假；四、特別休假。所謂一日間的休息，是指每日工作時間內的休息而言。美國法律，多有餐時的規定——自半小時至一小時不等；有幾州立法：工作滿六小時者，得有半小時的休息。比利時水菓女工，除正午休息外，凡繼續工作五小時者，可休息十五分鐘。如在糖果業工作，每日工作在九小時十小時之間者，應有第二次十五分鐘的休息；如工作超過十小時者，應有第三次十五分鐘的休息。中國工廠法第十四條規定：「凡工人繼續工作至五小時，應有半小時之休息」。這種間斷的休息，不獨有益於身體，而且可以增加工作的效率；不獨爲勞工所歡迎，亦當爲資方所願意。

一週間的休息，大概有二次：一是星期六下午，一是星期日（或在一星期中另一日）。星期六下午的休息，英國人奉行最力。英國曾有一法，不准紡織業的童工和女工在星期六下午做工。所以歐洲中部各國，把這種每週工作五日半的勞動星期，稱爲「英國星期」。美國現有十餘州，以星期六下午爲例假日，但不規定強制實行。美國較有勢力的勞工組織，如建築業和衣業，已與資方訂立每週四十四小時工作的契約；這無異是規定了星期六下午的休息。另有幾州，雖准星期六下午休息，但須在別天補足休息的時間，湊足每週四十八小時或五十小時的總數。至於星期日的休息，自從瑞士實行以後，不久風行全球。一八九〇年，瑞士定一條例：鐵路工人每年得有五十二日的休息，其中十七日是星期日，工資都照給。後來各國相繼採用，如不能在星期日休息者，多改在一星期中的另一日。美國最高法院，確認這種星期休息法，政府有以警察權干涉的必要（美國的警察權，是一種沒有限制的權力，用以輔助其他有限制的權力；例如政府得以警察權限制人民的自由，而不必待其許諾，取用人民的財產，而無需乎報酬。傅樂茵說：「警察權之準則，乃在制止拙笨、疏忽、不負責任之人，有侵犯或濫用權利之危險；而一切人民。乃悉隸於此制止約束之下者也」）。美國高等法院曾經宣布：「休養身心，於個人有益，於公共亦有益；其屬於警察職掌，可無疑義。蓋人類之幸福，固繫乎工作，亦繫乎休假也。短時期之休息，可以恢復元氣，增進健康，擴充見聞，陶冶德性，養成清潔交際考慮諸習慣，改良衞生社會諸狀況，決不能謂其與警察無關也」。中國工廠法也很肯定的說：「凡工人每七日中應有一日之休息」（第十五條）。又第七十一條規定：「工廠違背本法……第十四至第十九條之規定者，處五百元以下的罰金」。

關於紀念日休假，中國工廠法第十六條說：「凡政府法令所規定應放假之紀念日，均應給假休息」；工資照給。此項應放假的紀念日，政府規定全年八日：

一　一月一日　中華民國成立紀念

二　三月十二日　總理逝世紀念

三　三月二十九日　黃花崗七十二烈士殉國紀念

四　五月一日　世界勞動節
五　五月五日　總理就任非常大總統紀念
六　七月九日　國民革命軍誓師紀念
七　十月十日　武昌首義國慶紀念
八　十一月十二日　總理誕辰

以上八日，工廠應讓工人休假紀念，工資照給；違者處以五百元以下的罰金。

關於特別休假，中國工廠法有很優越的規定。瑞士立法，規定女工做工在一年以上的，須給繼續不斷的例假五日；二年以上的，八日；三年以上的，十日；四年以上的，十二日，均不扣薪。法國勞工章程中規定：巴黎地道工人，每年有不扣薪的例假十日。美國立法，只有公家事業的工人，才有這種長假的辦法（例如加州立法，凡服務於州立醫院和衙署的，每年有十五日的不扣薪例假）；至於私人事業的工人，法律尚無應給長假的明文。而吾中國工廠法第十七條則有下列的規定：「凡工人繼續在工廠作滿一定時間者，應有特別休假。其休假期如左：一、在廠工作一年以上未滿三年者，每年七日；二、在廠工作三年以上未滿五年者，每年十日；三、在廠工作五年以上未滿十年者，每年十四日；四、在工廠工作十年以上者，其特別休假期每年加給一日；其總數不得超過三十日」。如工人不願特別休假，工資應加倍發給。又，關於軍事公用的工作，主管官署得於必要時停止其工人之休假。工廠違反以上這些規定時，處以五百元以下的罰金。

工資

工資可分二種：一是名義工資，一是實質工資。名義工資是工人賣去勞動力而得的貨幣，實質工資是工人以這貨幣所能購得的生活資料。同一地方的工人，得到同一數量的貨幣工資，然因物價時有高低，故所買得的生活資料的數量，也就時有多少。在實質工資——以物價爲轉移，低於名義工資的時候，工人的生活較易；反之，物價騰貴而工資不加，實質工資高於名義工資的時候，工人的生活就難。增加工資的運動，往往發生於實質工資高於名義工資的時候。這種加資運動是無可非議的。據日本人的調查，中國工人每月所得的工資，有如下表：

一 全國粗工每月工資表

種類	男工			女工		
	最高	最低	平均	最高	最低	平均
紡織工廠	十二元	六元	九元	十元	六元	七元五角
鐵工及機械工	二十元	十元	十五元	—	—	—
礦場	十八元	九元	十四元	—	—	—

種類	男工最高	男工最低	男工平均	女工最高	女工最低	女工平均
製絲工廠	十二元	六元	八元五角	十元	五元	七元五角
其他工業	十六元	六元	十八元	五元	三元	五元五角

二　全國精工每月工資表

種類	男工			女工		
	最高	最低	平均	最高	最低	平均
紡織工廠	三十元	十二元	二十六元	二十四元	八元	十二元
鐵工及機械工	五十元	二十元	二十五元	—	—	—
礦場	四十元	十二元	二十二元	—	—	—
製絲工廠	二十二元	六元	十二元	二十二元	六元	九元
其他工業	三十元	九元	十五元	二十元	七元五角	十二元

上列二表指明的工資，當然是名義工資而不是實質工資。我們再看中國工人所得的工資，是

否足以維持一人的生活?是否足以維持一家(假定五人:本人,妻一,兒女三)的生活?現在就把同一日本人所調查的生活費,仍分粗工精工,列表如下:

一 上海粗工每月生活費表

項目＼款項	獨身者	五人家族
食料	五·四五元	一二·一〇元
被服	一·一九元	二·一三元
房租	〇·七八元	二·七八元
柴炭費	〇·四七元	一·九二元
電車費等	〇·七一元	〇·八五元
雜費	二·二五元	二·五六元
合計	一一·八五元	二一·三四元

二 上海精工每月生活費表

項目	獨身者	五人家族
食料	七・三二元	一五・〇六元
被服	二・三一元	三・九四元
房租	三・〇九元	五・〇二元
柴炭費	〇・五七元	二・五一元
電車費等	二・一二元	二・一五元
雜費	三・八五元	七・一七元
合計	一九・二六元	三五・八五元

上面的統計表，指明一個工人或其家族五人的生活費。我們若與工資的統計相比較，就可知道：不論粗工或精工，大多數人所得的工資，是不能維持其家族的最低限度的生活的，甚至有連

一己的生活也是不能維持的。而且，物價是日有所增，年高一年。而工人的工資，卻不能隨時增加；就是增加一點，也不能和生活費的增加成比例。字林西報在一九三〇年一月二十二日載有戴君所著的六十年來上海物價比較表，節錄如下：

物品＼物價	一八七〇年	一九一〇年	一九二〇年	一九三〇年
米（每石）	二・八五元	七・五〇元	一〇・二六元	一九・〇〇元
大麥（每石）		三・四五元	三・一三元	五・二〇元
牛肉（每磅）	〇・〇七元	〇・一九元	〇・一九元	〇・三〇元
家禽（每磅）	〇・一〇元	〇・一六元	〇・二〇元	〇・四〇元
雞蛋（每打）	〇・〇六元	〇・一五元	〇・二一元	〇・五〇元
煤（每噸）	六・五〇元	九・七〇元	一八・〇〇元	二〇・〇〇元

如上表所載，物價的增加，是這樣的迅速，而工資的增加，卻不能與之成比例（現在中國工人的平均工資，每日至多半元）；中國工人生活的苦況，也就可想而知了。所以工資問題的嚴

重，遠甚於工作時間問題和其他勞動問題；而解決工資問題的方法，因此成爲中外各國的難題。

解決工資問題的方法，比較可以採用的，目前只有「最低工資」的立法，就是政府以法律或命令規定最低工資率，廠方所給的工資，不得低於政府規定的限度。這個制度，開始實行於澳洲，而逐漸普遍於各國。澳洲工人，在十八世紀末葉，工資極少，工作時間極長，作工地方極不完備；一八八四年政府任命一家皇家委員會，專司調查；一八九四年便有破天荒的新西蘭最低工資立法的制度，將這個最低工資的決定權，交給各地方的和解委員會。凡是享受不良工資待遇的工人，只要呈一訴狀於最近的地方和解委員會，說明他們的需要，和解委員會便可出而調查和裁斷。在英國，一則因爲苦汗制度的盛行，再則因爲勞動黨對最低工資立法的鼓吹，所以在一九〇九年，政府便有最低工資法案的通過。法國的最低工資率，規定於一九一五年的最低工資法。依據該法，決定最低工資的機關有三：一、府立工資委員會；二、府立職業鑑定委員會；三、中央工資委員會。一、二兩種委員會，俱由當地政府和雇主及工人會同組織；中央工資委員會則設於中央勞動部，解決以上兩會不能解決的爭議。最低工資率，先由府立委員會磋商決定，呈由府署公布，並登行政公報；三閱月後，如雙方不生異議，卽屬有效——雙方俱應遵辦。美國的最低工資法，始於一九一二年馬薩諸塞州，其他各州，陸續仿行，立法內容，州各不同，大致由州知事任命委員若干人，組織委員會（勞資雙方亦得要求加入）（任期二三年不等），調查各業的情形，規定最低的工資。

最低工資的意義，就是說勞動者的工資不能降至最低的相當生活費以下；換言之，勞動者所得的名義工資應使與其實質工資相等。這個制度的好處有二；第一是保障無組織的勞工的境遇，第二是補助調解仲裁制度的不足。因爲調解仲裁的行使，都在爭議發生以後，並且往往須有職工組合的存在爲條件。至於最低工資的作用，大部分都是不待爭議的發生，便給他們以調和爭議的方藥。因此，中國工廠法，也承認最低工資率的原則；工廠法第二十條說：「工人最低工資率之規定，應以各廠所在地之工人生活狀況爲標準」。不過工廠法上沒有提到「規定」最低工資的手續，未免費人索解。這種最低工資率，將來是由勞資雙方自行規定呢？還是由縣市政府代爲規定？而縣市政府在規定這種工資時，是組織委員會呢？還是由縣市政府單獨辦理？復次，所謂工資率，自然須以「工廠所在地之工人生活爲標準」；然在規定工資時，是以維持工人本身的生活爲標準呢？還是以維持工人一家的生活爲標準？而所謂「一家」，又當作何解釋？二人爲一家，三人亦一家，十人八人亦一家，究以何者爲準？外國有定爲五人者，卽夫妻二人和小孩三人；這種標準，能否辦得通？再者，一人或一家的問題，解決以後，還有「生活」二字，也是漫無標準。所謂「生活」——工人的生活，至少可分四種平面：第一種是貧窮平面：在這平面上，衣食住不能自給，隨時有凍餒的危險。第二種是最低限度生存平面：在這平面，衣食住差能自給，而養老、社交、娛樂等費，則毫無著落。第三種是最低限度衞生平面：在這平面，供給衣食住的消費外，還能稍有儲蓄，並作簡單的社交，衞生和娛樂。第四種是最低限度快樂平面：在這平面，工人稍有餘款，可作災害保險等準備，並有社交娛樂的費用。將來中國規定最低工資時應以那種平面的標準？這是頗費斟酌的。

在歐戰以前，美國工人的工資，可說只在上述第一種平面，就是貧窮平面。我們試舉一個例。一九一四年美國波士頓的工資局，曾為女工規定每星期最低工資八元二角八分美金，分配如左：

食住費	五·五〇
衣履費	一·三五
洗刷費	·二〇
醫藥費	無
教會費	·一〇
假期費	·一九
休息費	·〇九

報章雜誌費	.〇八
教育費	無
儲蓄費	無
車費	.六〇
偶然事變費	.一七
合計	八.二八

歐戰以後，價物騰貴，最低工資，不得不稍爲提高。茲舉美國馬薩諸塞州一九一九年成衣女工每星期的最低工資率——十五元二角五分美金，爲例：

食住費	九.五一
衣履費	三.二五

洗刷費	·四五
醫藥費	·四〇
教會費	·一〇
假期費	·四〇
休息費	·三七
報章雜誌費	無
教育費	·一八
儲蓄費	·三〇
車費	·二〇
偶然事變費	·一〇
合計	一五·二六

以上專就女工而論，至於男工，在歐戰以前，根據一九一五年一月六日的測驗，凡是城市間的生活，如果以一男子，一婦人，三小孩爲一家庭單位，則每個工人，每星期至少非得十五元美金的工資不可。然而依照當時的估計，莫說是十五元的美金，就是十二元美金都沒有達到的，美國共有六百萬人之多。從此可知：最低工資確有規定之必要；而最低工資之不易規定，即在美國也是如此。

此外，工廠法關於工資尙有如下的規定：第二十一條：「工廠對工人應以當地通用貨幣爲工資之給付」。第二十二條：「工資之給付，應有定期，每月發給二次。論件計算工資者亦同」。第二十四條：「男女作同等工作而其效力相同者，應給同等之工資」。第二十五條：「工廠對於工人，不得預扣工資爲違約金或賠償之用」。又第二十三條規定：「因天災事變季節的關係而延長工作時間者，或因軍用公用關係重大而經主管官署停止工人休假者，其延長工作時間內的工資，應照平日每小時多給三分之一至三分之二」。

工資之外，尙有所謂「賞金」；如對於工作上或作品上有善良的條件時，則有賞金的給與。賞金給與的辦法，依工資的種類和工作的情形而異。如採用時間制的，則以做得精美而快爲獎勵；如採用包工制的，則以防免粗製濫造而以出品的精良爲獎勵。他如不缺工，技術超羣，原料燃料的節省，機械器具的保管得法，均可爲獎勵的條件。我國的手工業勞動者，雇主除給與一定的工資外，於每年元旦、端午、中秋、清明等節日，略給賞錢，這便是新式工廠給與賞金的濫觴。

賞金的種類很多：一、如上海某紡織廠的「勤惰賞金」，規定：頭等工人不缺席一年者，賞洋七元；連續二年者，賞洋十四元；連續三年者，賞洋二十一元；連續四年者，賞洋二十八元；連續五年者，賞洋三十五元；連續六年者，賞洋四十二元。二等工人第一年五元，三等工人第一年三元。一年中缺席一日以上至十五日者，減半支給，三十日以上者不給。二、又有所謂「升工」：如在規定停工的日子以內不停，仍在工廠工作；如我國工人，在星期日往往都不停工，廠方以工作緊要，乃給與賞金——升工二日或四日。此外尚有一種升工，是廠方用以鼓勵工人不使缺席的；如商務印書館團體契約上規定：升工每月二日，全年請假不滿三十日時，升工按月照給（年終結算），滿三十日後，每月請假二日，減給升工一日，請假四日以上，本月份升工不給；全月請假者，不論本年請假已否滿三十天，概不再給升工。尚有三、月終賞和年終賞，也是賞金制度的一種：上海某工廠除升工外，全月不缺席者，每月工資十元者賞洋一元五角，缺席則賞洋八角；工資八元者一元一角，缺席六角；工資六元者八角，缺席四角；工資四元五元者五角，缺席二角五分。每月只能缺席三次，缺席滿四次者無賞。又如某紗廠，凡誠實無誤的班長，缺席少而技術優良的工頭，完全不缺席而做事懇摯的助手，年終給以頭等賞五元；有以上所舉各優點的中等工人，年終給以二等賞四元；有以上所舉各優點的工役，年終給以三等賞三元。採用包工制者，則有四、數量賞金：如每月可做十元之貨，而因工作勤奮，做至十元以上者，則就超過之數，酌給賞金；如上海某紗廠規定：每半月較原有工資增加二元以上者，賞洋三角；三元以上者，四角五分；四元以上者，六角；五元以上者，七角五分；六元以上者，九角；七元以上者，一元。中國工廠法，關於賞金的給與，只有籠統的規定；第四十條說：「工廠每營業年度終結算如有盈餘，除提付股息公積金外，對於全年工作並無過失之工人，應給以獎金或分配盈餘。」

工人分配盈餘，中國尚不多覯，工廠法上亦無詳細的規定。玆舉商務印書館爲例。商務印書館總館同人的花紅，「依當居股息與股息公積之比例分派」；分支館局同人的花紅，依下表分派：

盈餘數	花紅限度
一萬元以下	百分之一八
二萬元以下	百分之一七
三萬元以下	百分之一六
四萬元以下	百分之一五・五
五萬元以下	百分之一五

六萬元以下	百分之一四・五
七萬元以下	百分之一四
八萬元以下	百分之一三・五
十萬元以下	百分之一三
十二萬元以下	百分之一二・五
十四萬元以下	百分之一二
十六萬元以下	百分之一一・五
十八萬元以下	百分之一一
二十萬元以下	百分之一〇・五
二十萬元以上	百分之一〇

以上紅利，如在二十元以上者，應作爲「特別儲蓄」（二十元以下者聽便），由公司出具存摺，交各本人收執。利率依第一年的提存數，分別計算：未過二十元，週息二分；未過五十元，一分五厘；未過一百元，一分二厘；過一百元以上，九厘。但積存數至若千元以上，其利率應依左表計算：

第一年提存數	積存數	利率
未過二十元	過二百元	一分五厘
	過五百元	一分二厘
	過一千元	九厘
未過五十元	過五百元	一分二厘
	過一千元	九厘
未過一百元	過一千元	九厘

此項特別儲蓄，平時不得提取，惟一、本人離館時，可以提取（如不提取，其利率改依週息四厘計算）；二、本人死亡時，可以提取（如不提取，經過三年後，其利率改依四厘計算）；三、自民國十二年開辦特別儲蓄的年份起，每經過三年，可以提取（不提者聽便）；四、總館同人，遇分配股息不足一分的年份，得依應補比例提取一部分；五、分支館局同人，遇所得花紅數不足前三年平均數之九成的年份，得依應補比例，提取一部分；六、本人結婚或子女婚嫁時；七、父母喪或妻喪時；八、本人患病請假至二個月以上時；九、家遭重大天災時——以上六至九項，各得提取當時積存數的三分之一；八、九兩項，得由總務處酌量情形，加提成數。

工廠取締

產業革命所引起的問題雖多，而最顯著的，便是工作地的安全和衞生。在農業時代和手工業時代，生產工具，比較簡單，工人對於工作時候的物質的環境，尚能自為注意。到了十八世紀末葉，時代趨勢，由農業而變為工業，由手工工作而變為機器工作，由家庭工作而變為工廠制度；於是工人的工作所在地，不在自身管轄之下，而別屬於一人——雇主；而工作的同伴，也從三四人而增至千百人。在這千百人中，一人的疏忽和疾病，有時可以影響到全體。而且新發明的機器和化學方法，層出不窮，危險性亦各不相同。無論雇主，技師或工人，只要稍一鹵莽、懶惰或愚昧，馬上就會發生不良的結果，甚至危害許多工人的生命。所以工廠中傷害和疾病的人數，有時更較戰場上爲多。試以美國而論，依據一九一三年的統計，美國一年中，因工業上的危險而死亡的，共有二萬三千餘人，重傷的七十萬人。詳見附表：

美國一年間工業上遇險死亡統計

業別	工人約數	遇險死亡數	每千人
金屬礦	一七〇、〇〇〇	六八〇	四・二〇
煤礦	七五〇、〇〇〇	二、六二五	三・五〇
漁業	一五〇、〇〇〇	四五〇	三・〇〇
航海	一五〇、〇〇〇	四五〇	三・〇〇
鐵路工	一、七五〇、〇〇〇	四、二〇〇	二・四〇
電氣工	六八、〇〇〇	一五三	二・二五
海軍	六二、〇〇〇	一一五	一・八五

石工	一五〇、〇〇〇	二五五	一・七〇
木材業	五三一、〇〇〇	七九七	一・五〇
陸軍	七三、〇〇〇	一〇九	一・四九
建築	一、五〇〇、〇〇〇	一、八七五	一・二五
車夫及牧人	六八六、〇〇〇	六八六	一・〇〇
電車工	三二〇、〇〇〇	三二〇	一・〇〇
警察及救火員	二〇〇、〇〇〇	一五〇	〇・七五
電話及電報工	二四五、〇〇〇	一二三	〇・五〇
農業	一二、〇〇〇、〇〇〇	四、二〇〇	〇・三五
其他製造業	七、二七七、〇〇〇	一、八一九	〇・二五

其他男工	四、六七八、〇〇〇	三、五〇八	〇・七五
男工總計	三〇、六七〇、〇〇〇	二二、五一五	〇・七三
女工總計	七、二〇〇、〇〇〇	五四〇	〇・〇七五
男女合計	三七、八七〇、〇〇〇	二三、〇五五	〇・八〇五

恃工爲活的人，每日時間的大半，消耗在做工的場所；做工場所的是否安全和衞生，這與工人確有重大的關係。然而，很不幸的，關係這樣重大的工廠安全問題和衞生問題，工人自己卻無法顧問。在沒有工會的工廠，工人單獨聲訴，易遭雇主的嫉視，甚至被開除工作；在有工會的地方，雖可由工會出面聲訴，然因種種的關係，事實上很難收效。而在雇主呢，雇主的目的是賺錢；賠錢的安全設備和衞生設備，當然不是雇主所樂爲。解決之道，因此不能不仰望於賢明公平的政府；而法律的取締，於是成爲必不可少的手續。

某種工業上必要的改革，雖經多數廠主認爲應行，然有時仍非有法律以強制少數頑固雇主遵行不可。舉一個例：火柴工業所用的有毒燐質，文明各國，多已禁用；而美國則經過三年的鼓吹，還是不能摒絕。後有全美百分之九十五的火柴廠主，向國會陳述，多說非有一種通行全國的法律，強迫所有廠主一律停用有毒燐質，他們無法改用無毒的替代品。但是其他百分之五的廠主，竟然堅持到底，甚且宣言寧可停業，決不停用有毒燐質。直等後來國會立法禁止，有毒燐質方始絕跡，而爛顎症才和火柴工人斷絕緣分。

關於工廠保全和衞生問題，各國法律，大多採用四種辦法：一、報告，二、禁止，三、設備，四、保險。所謂報告，是政府取締工廠的一種手段。美國馬薩諸塞州，於一八八六年制定遇險報告的法律，規定：工廠工人如有遇險致死或四日以上的輟業者，廠主應卽報告當地警察長；違者處罰。報告單上，須註明：一、雇主、地點和時間；二、受傷人的姓名和性別；三、原因；四、受傷的性質和程度。報告的制度，中國工廠法上也有規定；工廠法第四十八條說：「工廠遇災變時，工人如有死亡或重大傷害者，應將經過情形及善後辦法，於五日內呈報主管官署」。又第三條說：「工廠應備工人名册，登記關於工人左列事項：姓名年齡籍貫住址；入廠年月；工作類別時間及報酬；技能品行；工作效率；在廠所受賞罰；傷病種類及原因」。又第四條說：「工廠每六個月應將左列事項，呈報主管官署一次：工人名册；工人傷病及其治療經過；災變事項及其救濟；退職工人及其退職之理由」。工廠所以應有這樣的報告，尤其是關於災變的報告，一則可使主管官署明瞭災變的經過，而設法預防；二則可使雇主不敢漠視工人的生命，而予以救濟。

「禁止」，是保護工人的極端辦法；非至不得已時，不宜施用。禁止的辦法有二：一、以法律禁止易罹危險的工人之雇用，如兒童和婦女等；二、以法律禁止危險甚巨的材料或機件之使用。關於第一種，中國工廠法上已有明確的規定；如第五條說：「凡未滿十四歲之男女，工廠不得雇用爲工廠工人」。又第六條說：「男女工人在十四歲以上未滿十六歲者爲童工，童工只准從事輕便工作」。又第十二條說：「童工不得在午後七時至翌晨六時之時間內工作」。又第十三條說：「女工不得在午後十時翌晨六時之時間內工作」。關於第二種——以法律禁止危險甚巨的材料機件之使用，在外國不乏其例；如上述有毒燐質的禁用，便是一端。中國工廠法第七條也說：「童工女工不得從事左列各種工作：處理有爆發性引火性或有毒質之物品；有磚塵粉末或有毒氣體散布場所之工作；運轉中機器或動力傳導裝置危險部分之掃除上油檢查修理及上卸皮帶繩索等事；高壓電線之銜接；已溶礦物或礦滓之處理；鍋爐之燒火；……」以上所舉的六項工作，都是非常危險，不獨女工童工不宜從事，即成年男工也以不做爲是。但是成年男工假使不做，事實上只好停工歇業：這當然是不行的。於是惟有在「設備」上加以注意，藉以減少工作的危險性。防止傷病的設備，可分二種：安全設備和衞生設備。外國工廠法，有的把這種設備，在條文上作列舉的規定，而中國工廠法上則有概括的規定。中國工廠法第四十一條說：「工廠應爲左列之安全設備：一、工人身體上之安全設備；二、工廠建築上之安全設備；三、機器裝置上之安全設備；四、工廠預防火災水災等之安全設備」。又第四十二條說：「工廠應爲左列之衞生設備：一、空氣流通之設備；二、飲料清潔之設備；三、盥洗所及厠所之設備；四、光線之設備；五、防衞毒質之設備」。外國勞動法，關於機器安全設備的規定，最爲普遍，凡是用以傳力的零件，如皮帶、旋軸、齒輪，以及運動部分如鋸、鉋、壓平軸、磨光輪等，都須有安全設備的裝置；萬一無法防衞，應揭有危險標示，使人易覺。美國馬薩諸塞州法律規定：織布機須置防護具，以免梭子飛出傷人；若不依法辦理，如有傷人之事，卽以疏忽罪議處。防護具應在製機時裝置；沒有防護具的機器，美國有幾州不准製造和發售。除了機器之外，關於火災、光線、空氣、厠所等等的安全設備和衞生設備，外國勞動法上，多有具體的規定。我們希望中國的政府，無論中央政府或地方政府，對於工廠的設備，加以嚴重的注意；並望根據工廠法上關於「設備」的條文，另外規定幾種具體的辦法（如美國法律規定每工人應得二百五十至六百立方呎的空氣——法律上有此規定，其週詳可以想見）。這不獨是工人的福音，而且也是廠方所當歡迎的。此外，我們還有一點希望：就是各地方的主管官署應該多聘幾位研究工廠管理的專家，計劃管理工廠的方法（當然應以民生主義爲原則）；並且多派幾位職員，常到工廠去視察各種安全和衞生的設備。「徒法不能以自行」，關於工廠的取締，我們不能責望於賢明的地方當局！

上海市社會局，近有工廠管理研究委員會的組織，和工廠視察的舉辦；玆錄其簡章和規則於左：

上海特別市社會局工廠管理研究委員會簡章（市政府第五八四六號指令核准備案）

第一條　本委員會以研究改進本市各業工廠管理方法爲任務。

第二條　本委員會設委員九人，以社會局代表二人，及有關係之該業勞資代表各二人，專門委員二人，並請市黨部派代表一人組織之。
前項勞資雙方之代表，係於委員會分業研究時，由各業臨時推定之，專門委員由社會局延聘之。

第三條　本委員會設委員長一人，主持會務，並於開會時爲主席；於社會局代表中指定之。

第四條　本委員會遇分業研究時，得延聘各該業專門委員；其人選經委員會議決後，由社會局延聘之。

第五條　本委員會議決事項，呈候社會局轉呈市政府核准執行之。

第六條　本委員會常會每月二次，臨時會無定期，均由委員長召集之。

第七條　本委員會開會，遇必要時，得請社會局令有關係之廠方管理員及工人代表列席討論。

第八條　本委員會開會以三分之二委員出席爲法定人數；議決事件，取決多數。

第九條　本委員會辦理文書等事務，由社會局指定人員兼任之。

第十條　本簡章如有未盡事宜，得隨時由社會局修正呈准市政府備案施行。

第十一條　本簡章自呈奉市政府核准之日施行。

上海市社會局工廠視察暫行規則十九年九月二日核准公布

第一條　本局爲謀本市工友生活狀況之改良及工作效率之增進起見，特舉辦工廠視察。

第二條　視察時間及地點，由局長隨時派員遵照執行。

第三條　視察員之職務如左：

一　視察各工廠之安全設備衞生設備及工人之工作狀況，並予以適當之指導；

二　調查廠方管理上之困難問題；

三　勸導並督飭實施政府頒布有關係之法令；

四　辦理特派事項。

第四條　凡視察員發現各工廠有下列情形之一時，應卽呈報局長核辦：

一　工作場所空氣閉塞、飲料不潔、光線不足、或無衞生上之設備者；

二　對於工人身體，工廠建築及機器裝置無安全之設備者；

三　童工女工從事於有害風紀或有危險性之工作者；

四　工友不服管理指導，有妨害廠方營業之情事者。

第五條　視察員視察時，應取和平態度。

第六條　視察員須將每次視察結果，報告局長。

第　七　條　視察員對於視察之工廠，關於改良取締事項，如有意見時，得以書面提出呈請局長採取。

第　八　條　視察事項如須會同他局辦理者，應由本局隨時知照會同派員視察。

第　九　條　本規則如有未盡事宜，得隨時修正之。

第　十　條　本規則自局長核准之日施行。

工廠會議

中國現行工廠法第十章，設有「工廠會議」的制度。這個制度，在外國勞動法上是很少看到的。工廠法第四十九條說：「工廠會議由工廠代表及全廠工人選舉之同數代表組織之」。工廠會議的職務，依據同法第五十條的規定，「一、研究工作效率之增進；二、改善工廠與工人之關係並調解其糾紛；三、協助工作契約及工廠規則之實行；四、協商延長工作時間之方法；五、改良廠中安全與衞生之設備；六、建議工廠或工廠之改良；七、籌劃工人福利事項」。又第五十一條規定：「前條所列各款事項，關於工廠者，先由該工廠工人代表與廠處理之；工廠會議不能解決時，依勞資爭議處理法辦理」。

如上所述，工廠會議的責任很重，工廠會議的關係很大。工廠會議，可以說是泯除階級鬥爭的方法。因此，工廠會議的代表，不可不愼重選擇。依據工廠法的規定，「工廠會議之工人代表及工廠代表，各以五人至九人爲限」。工廠的代表，應該「選派熟習工廠或勞工情形者充之」；工人的代表，須「有中華民國國籍之工人，年滿二十四歲，在廠繼續工作六個月以上者」，方得當選。而選舉工人代表的工人，也須有十八歲的年齡的限制；選舉時並給須呈請主管官署派員監督。又，工廠會議每月開會一次，必要時得開臨時會議。工廠會議的主席，由雙方各推代表一人，輪流擔任。

據編者所知，勞資間的糾紛，有時起因甚微，而結果極慘。當初雙方過於隔膜，間有誤會，輒起仇視，弄到後來兩敗俱傷，不易收拾。假使雙方常有一個會商的機會，接洽一切有關的事情，如工廠法第五十條所列舉者，則勞資間隔膜可以免除，誤會可以消失，意見可以一致，好感可以滋長，決不至時鬧亂子，動起糾紛了。工廠會議，便是適應這種需要的東西。

而且，勞資間的糾紛，如果沒有需要第三者干涉的時候，最好是由雙方自行妥洽，不必動輒去向主管官署或法院打官司。官司多打一次，勞資間的感情多壞一些，隔膜多加一層，仇視多深一點。如其所有的糾紛，在初起的時候，依照工廠法的規定，先在工廠會議力求和平解決，至萬不得已時才依勞資爭議處理辦理，則工廠的爭議，必可泯除於未形，而已起的糾紛，也又難由讓步而平息。

在英國，大多數工人，不願把勞資爭議送請官廳去調解；因爲官廳的調解人，他們不是覺得他偏袒，便是覺得他無知。他們願意自己的爭議，就由自己來解決——自己是爭議當事者，同時又是爭議調解者。英國政府看到這種情形，就在一九一九年根據一九一七年懷特勒委員會的報告，成立了三十五個聯合產業委員會；爲了永久的解決勞資爭議起見，便給勞動者以直接支配勞資爭議的責任。現在就把這個報告的大綱，轉錄如下：

一、凡是地方的或國民的團體協約，統由地方的或國民的聯合產業委員會辦理。他的組織，是由雇者及被雇者的同業代表組成的。

二、無組織的或組織不定的產業，可用最低工資委員會代替聯合產業委員會。

三、聯合產業委員會的大小和組織，由雙方當事者自己決定。

四、按照生產委員會的方法，組織永久的仲裁委員會。

五、聯合產業委員會，須不與現存的和解委員衝突。

聯合產業委員會，就是一個擴大的「工廠會議」。

上海商務印書館現在組織中的能率委員會，頗與本文所說的工廠會議相類同。玆錄其章程於後：

能率委員會章程

第一條　本公司爲討論並諮詢有關工作能率之各項問題，特設能率委員會。

第二條　本委員會以左列各員組織之：

一　各所所長之代表；

二　總務處各科科長之代表；

三　研究員；

四　各工會職工會代表。

前項工會職工會代表之人數規定如左：

總務處編譯所發行所職工會各三人，印刷所工會九人。

第三條　本委員會每月舉行常會一次，由研究所所長召集之。

前項會議以研究所所長爲主席。

第四條　本委員會常會之事務如左：

一　由研究員報告工作徵求各委員意見；

二　由各委員提出研究問題交研究所研究。

第五條　研究員對於研究事項得隨時分別向有關係之各委員徵求意見。

（附註）上列章程，係公司方面提出，並未經過工會及職工會之同意，現四會正在研究中。

勞動保險

勞動保險的意義，就是說國家或私人，對於現代這些藉工資生活的勞動者，因爲偶發的事故，減少或喪失其勞動能力與勞動機會，因而將其時一人所受的經濟損失，分配於大多數人的擔負中。這便叫做勞動保險制度，又因這種保險制度，是國家的社會政策之一，所以又可叫做社會保險制度。這種制度，可分兩類：一是強制的，一是任意的。任意保險制，當然不及強制保險制。因爲任意保險，每易視同儲蓄。儲與不儲，聽人自由；勞動者生活甚苦，不但不能儲金，恐怕也不曾想過儲金。所以勞動保險，如不採用強制制度，決不會有效果。

勞動保險，起於德國。德相俾士麥，因欲博得勞動者的好感，以便抵抗社會主義者的宣傳，於一八八一年提出傷害保險法案於議會，不幸沒有通過。次年，略加修正，與疾病保險法案同時提出；疾病保險法修正通過，而傷害保險法不幸又遭擱置，直至一八八五年始生法律上的效力。此外，如一八八九年的廢疾保險法和養老保險法，一九一一年的帝國保險法，一九二二年的失業扶助法和士兵保險法等，都是很著名的勞動保險立法。英國的勞動保險立法，較德國稍遲，而其制度的完備，則殊不下於德國。

勞動保險的種類很多，如：傷害保險、衞生保險、老廢保險、分娩保險、孤兒和寡婦保險、失業保險等。保險的辦法，各種不同，而且各國不同。保險費用，大致由雇主與工人共同負擔（雇主負擔其大部分，工人負擔其小部分），有時亦由國家加以補助。試舉一八八五年德國的傷害保險法，以概其餘。依照德國傷害保險法，受傷的勞動者，在最初的十三個星期，是在疾病保險裏得救濟（疾病保險金，雇主負擔三分之一，勞動者負擔三分之二；傷害保險金，則全部由雇主負擔）。前四個星期，受傷者所取得的救濟金，爲百分之五十；後九個星期，則爲百分之六十六又三分之二。至於十三個星期以後，應由傷害保險金中得救濟，其金額仍爲年入工資百分之六十六又三分之二。如果這個受傷者永久不能勞動，則永久取得同額的救濟金。若傷者不幸死亡，得領死亡撫卹費，其數即相當於死者年入工資十五分之一，但不得少於五十馬克。其遺族得領下列年金：即妻得領死亡者每年所得的二成，但再醮則停止其年金（但於再醮時三倍發給）；十五歲以下的兒童，其所領的年金，也是二成；但一家的年金總額，不得超過死亡者每年所得的六成以上。若死亡者無有妻子，則死亡者的父母祖父母和十五歲以下的孫，得由同一規定領取年金；但其年金總額，不得超過死亡者每年所得的六成。若被保險人爲婦人，而此婦人負有供養丈夫和子女的責任者，不幸死亡時，其夫和子女，得照同一規定，領取年金。

中國現在還沒有勞動保險法，但是工人的津貼和撫卹，工廠法上已有約略的規定。工廠法第四十五條說：「在勞動保險法施行前，工人因執行職務而致傷病或死亡者，工廠應給以醫藥補助費及撫卹費。其補助及撫卹之標準如左；但工廠資本在五萬元以下者，得呈請主管官署核減其給與之數目：

一、對於因傷病暫時不能工作之工人，除擔任其醫藥費外，每月給以平均工資三分之二之津貼；如經過六個月尚未痊癒，其每月津貼，得減至平均工資二分之一；但以一年爲限。

二、對於因傷病成爲殘廢之工人，永久失其全部，或一部之工作能力者，給以殘廢津貼。其津貼以殘廢部分之輕重爲標準；但至多不得超過三年之平均工資，至少不得低於一年之平均工資。

三、對於死亡之工人，除給與五十元之喪葬費外，應給與遺族撫卹費三百元及二年之平均工資。

又第四十六條規定：「受領前條之撫卹金者，爲工人之妻或夫，無妻或無夫，依左列順序；但工人有遺囑者，依其遺囑：第一、子女；第二、父母；第三、孫；第四、同胞兄弟姐妹」。又第十八條規定：「工廠遇災變時，工人如有死亡或重大傷害者，應將經過情形及善後辦法於五日內呈報主管官署」。

勞動保險，國家雖無法律規定，而實行勞動保險的，則間或有之；商務印書館便是一個例子。茲錄其辦法於左，以資參證而示提倡：

同人人壽保險章程

一、依照十五年四月二十五日股東會議決，在十四年度總盈餘內提出十萬元，爲本公司創業三十年紀念，籌辦全公司同人公益之用，經總務處議決，定爲代全公司同人保壽險基金。

二、基金存本公司，以常年一分計息。

三、基金所得之利息，專爲本公司代同人付人壽保險費，及其他關於代保壽險用費之用。

四、同人人壽保險，由本公司委託人壽保險公司承保。

五、凡本公司總分支館局同人，在職期內，無論職員工友學徒店司男女老幼，一律由本公司代向人壽保險公司投保壽險，每人保額洋二百元；所有每年應付之保費，均由本公司照本章程第三條代爲交付，同人不必自付保費。

六、本公司同人，如遇有在職身故者，由本公司備具正式通知書，敍明該本人身故情形，送交承保之人壽保險公司；俟該承保之人壽保險公司，將應付之壽險賠款交到本公司後，隨即轉交該家屬收領。

七、本公司同人退職後，無論自辭或被辭，所有本公司代保之壽險，即於退職之次日取銷。

八、基金利息，每屆年終結算一次，除代付保費等款外，如有餘存或不敷，均併入次年計算。

九、除本章程規定外，其餘均遵照本公司與承保之人壽保險公司所訂之合同辦理。

十、本章程如有增删修改之處，由總務處議決之。

十一、本章程自民國十五年七月十五日實行。

（附載一）工廠法

總則

第一條　凡用汽力電力水力發動機器之工廠，平時雇用工人在三十人以上者，適用本法。

第二條　本法所稱主管官署，除有特別規定者外，在市為市政府，在縣為縣政府。

第三條　工廠應備工人名冊，登記關於工人之左列事項：

一、姓名年齡籍貫住址；

二、入廠年月；

三、工作類別時間及報酬；

四、技能品行；

五、工作效率；

六、在廠所受賞罰；

七、傷病種類及原因。

第四條　工廠每六個月應將左列事項，呈報主管官署一次：

一、工人名冊；

二、工人傷病及其治療經過；

三、災變事項及其救濟；

四、退職工人及其退職之理由。

童工女工

第五條　凡未滿十四歲之男女，工廠不得僱用爲工廠工人。十二歲以上未滿十四歲之男女，在本法公布前已於工廠工作者，本法施行時得由主管官署核准，寬其年限。

第六條　男女工人在十四歲以上未滿十六歲者，爲童工。童工只准從事輕便工作。

第七條　童工及女工，不得從事左列各種工作：

一、處理有爆發性引火性或有毒質之物品；

二、有礡塵粉末或有毒氣體散布場所之工作；

三、運轉中機器或動力傳導裝置危險部分之掃除，上油檢查修理及上卸皮帶繩索等事；

四、高壓電線之銜接；

五、已溶礦物或礦滓之處理；

六、鍋爐之燒火；

七、其他有害風紀或有危險性之工作。

工作時間

第八條　成年工人，每日實在工作時間以八小時爲原則。如因地方情形或工作性質有必須延長工作時間者，得定至十小時。

第九條　凡工廠採用晝夜輪班制者，所有工人班次，至少每星期更換一次。

第十條　除第八條之規定外，因天災事變季節之關係，仍得延長工作時間；但每日總工作時間不得超過十二小時，其延長之時間，每月不得超過三十六小時。

第十一條　童工每日之工作時間，不得超過八小時。

第十二條　童工不得在午後七時至翌晨六時之時間內工作。

第十三條　女工不得在午後十時至翌晨六時之時間內工作。

休息及休假

第十四條　凡工人繼續工作至五小時，應有半小時之休息。

第十五條　凡工人每七日中應有一日之休息。

第十六條　凡政府法令所規定應放假之紀念日，均應給假休息。

第十七條　凡工人在廠繼續工作滿一定時間者，應有特別休假。其休假期如左：

一、在廠工作一年以上未滿三年者，每年七日；

二、在廠工作三年以上未滿五年者，每年十日；

三、在廠工作五年以上未滿十年者，每年十四日；

四、在廠工作十年以上者，其特別休假期每年加給一日，其總數不得超過三十日。

第十八條　凡依照第十五條至十七條所定之休息日及休假期內，工資照給；如工人不願特別休假者，應加給該假期內之工資。

第十九條　關於軍用公用之工作，主管官署爲必要時得停止工人之休假。

工　資

第二十條　工人最低工資率之規定，應以各廠所在地之工人生活狀況爲標準。

第二十一條　工廠對工人，應以當地通用貨幣爲工資之給付。

第二十二條　工資之給付，應有定期，至少每月發給二次；論件計算工資者，亦同。

第二十三條　依第十條第十九條之規定延長工作時間，其工資應照平日每小時工資額加給三分之一至三分之二。

第二十四條　男女作同等之工作而其效力相同者應給同等之工資。

第二十五條　工廠對於工人，不得預扣工資爲違約金或賠償之用。

工作契約之終止

第二十六條　凡有定期之工作契約，期滿時必須雙方同意，方得續約。

第二十七條　凡無定期之工作契約，如工廠欲終止契約者，應於事前預告工人。其預告之期間，依左列之規定；但契約另訂有較長之預告期間者，從其契約：

一、在廠繼續工作三個月以上未滿一年者，於十日前預告之；

二、在廠繼續工作一年以上未滿三年者，於二十日前預告之；

三、在廠繼續工作三年以上者，於三十日前預告之。

第二十八條　工人於接到前項預告後，爲另謀工作，得於工作時請假外出；但每星期不得過三日之工作時間。其請假期內，工資照給。

第二十九條　工廠依第二十七條之規定預告終止契約者，除給工人以應得工資外，並須給以該條所定預告期間工資之半數。其不依第二十七條之規定而卽時終止契約者，須照給工人以該條所定預告期間之工資。

第三十條　有左列各款情事之一者，縱於工作契約期滿前，工廠得終止契約；但應依第二十七條之規定，預告工人：

一、工廠爲全部或一部之歇業時；

二、工廠因不可抗力停工在一個月以上時；

三、工人對於其所承受之工作不能勝任時。

第三十一條　有左列各款情事之一時，縱於工作契約期滿前，工廠得不經預告，終止契約：

一、工人屢次違反工廠規則時；

二、工人無故繼續曠工至三日以上，或一個月內無故曠工至六日以上時。

第三十二條　凡無定期之工作契約，各工人欲終止契約，應於一星期前預告工廠。

第三十三條　有左列情事之一者，縱於契約期滿前，工人得不經預告，終止契約：

一、工廠違反工作契約或勞動法令之重要規定時；

二、工廠無故不按時發給工資時；

三、工廠虐待工人時。

第三十四條　對於第三十條第三款第三十一條第一款及第三十三條各款有爭執時，得由工廠會議處理之。

第三十五條　工作關係終止時，工人得請求工廠出證明書，工廠不得拒絕；但工人不依第三十二條之規定而即時終止契約或有第三十一條所列各款情事之一者，不在此限。

前項證明書，應記載左列事項：

一、工人之姓名年齡籍貫及住址；

二、工作種類；

三、在廠工作時期及成績。

工人福利

第三十六條　工廠對於童工及學徒，應使受補習教育，並負擔其費用之全部。其補習教育之時間，每星期至少必有十小時。對於其他失學工人，亦當酌量補助其教育。前項補習教育之時間，必在工作時間以外。

第三十七條　女工分娩前後，應停止工作共八星期，工資照給。

第三十八條　工廠可能範圍內，應協助工人舉辦工人儲蓄及合作社等事宜。

第三十九條　工廠可能範圍內，應提倡工人正當娛樂。

第 四 十 條　工廠每營業年度終結時，如有盈餘，除提股息公積金外，對於全年工作並無過失之工人，應給以獎金或分配盈餘。

工廠安全與衞生設備

第四十一條　工廠應爲左列之完全設備：

一、工人身體上之安全設備；

二、工廠建築上之安全設備；

三、機器裝置上之安全設備；

四、工廠預防火災水患等之安全設備。

第四十二條　工廠應爲左列衞生之設備：

一、空氣流通之設備；
二、飲料清潔之設備；
三、盥洗所及廁所之設備；
四、光線之設備；
五、防衞毒質之設備。

第四十三條　工廠對於工人應爲預防災變之訓練。

第四十四條　主管官署如查得工廠之安全或衞生設備有不完善時，得限期令其改善，於必要時得停止其一部之使用。

工人津貼及撫卹

第四十五條　在勞動保險法施行前，工人因執行職務而致疾病或死亡者，工廠應給其醫藥補助費及撫卹費。其補助及撫卹之標準如左；但工廠資本在五萬元以下者，得呈請主管官署核減其給與數目：

一、對於因傷病暫時不能工作之工人，除擔任其醫藥費外，每日給以平均工資三分之二津貼；如經過六個月尚未痊癒，其每日津貼得減至平均工資二分之一，但以一年爲限。

二、對於因傷病成爲殘廢之工人永久失其全部或一部之工作能力者，給以殘廢津貼。其津貼以殘廢部分之輕重爲標準，但至多不得超過三年之平均工資，至少不得低於一年之平均工資。

三、對於死亡之工人，除給與五十元之喪葬費外，應給與其遺族撫邺費三百元，及二年之平均工資。前項平均工資之計算，以該工人在廠後三個月之平均工資爲標準。喪葬費撫邺費應一次給與，但傷病津貼殘廢津貼得按期給與。

第四十六條　受領前條之撫邺費者，爲工人之妻或夫，無妻或無夫，依左列順序；但工人有遺囑時依其遺囑：

第一、子女，第二、父母，第三、孫，第四、同胞兄弟姐妹。

第四十七條　工人遇有婚喪事故急需用款時，得向工廠請求預支一個月以內之工資或發還儲金之全部或一部。

第四十八條　工廠遇災變時，工人如有死亡或重大傷害者，應將經過情形及善後辦法，於五日內呈報主管官署。

工廠會議

第四十九條　工廠會議由工廠代表及全廠工人選舉之同數代表組織之；

前項工廠代表，應選派學習工廠或勞工情形者充之。

工人代表選舉時，應呈請主管官署派員監督。

第五十條　工廠會議之職務如左：

一、研究工作效率之增進；

二、改善工廠與工人之關係並調解其糾紛；

三、協助工作契約及工廠規則之實行；

四、協商延長工作時間之辦法；

五、改進廠中安全與衞生之設備；

六、建議工廠或工廠之改良；

七、籌劃工人福利事項。

第五十一條　前條所列各款事項關於工廠者，先由該工廠工人代表與工廠會議處理之；工廠會議不能解決時，依勞資爭議處理法辦理。

第五十二條　工人年滿十八歲者，有選舉工人代表之權。

第五十三條　有中華民國國籍之工人，年滿二十四歲，在廠繼續工作六個月以上者，有被選舉爲工人代表之權。

第五十四條　工廠會議之工人代表及工廠代表，各以五人至九人爲限。

第五十五條　工廠會議之主席，由雙方代表各推定一人輪流擔任之。
工廠會議每月開會一次，於必要時得召集臨時會議。

學　徒

第五十六條　工廠收用學徒，須與學徒或其法定代理人訂立契約，共備三份，分存雙方當事人及送主管官署備案。其契約應載明左列各款事項：
一、學徒姓名年齡籍貫及住址；
二、學習職業之種類；
三、契約締結之日期及其存續期間；
四、相互之義務：如約定學徒應納學費時，其學費額及其給付期；如約定學徒應受報酬時，其報酬額及其給付期。
前項契約不得限制學徒於學習期滿後營業之自由。

第五十七條　未滿十四歲之男女，不得為學徒。但於本法施行前已入工廠為學徒者，不在此限。

第五十八條　學徒之習藝時間，準用本法第三章之規定。

第五十九條　學徒除見習外，不得從事本法第七條所列各種工作。

第 六 十 條　學徒對於工廠之職業傳授人，有服從忠實勤勉之義務。

第六十一條　學徒於學習時間之膳宿醫藥費，均由工廠負擔之；並於每月酌給相當之零用。

第六十二條　學徒於學習時間內，除有不得已事故外，不得中途離廠。如未得工廠同意而離廠者，學徒或以法定代理人，應償還學徒在廠時之膳宿醫藥費。

第六十三條　工廠所招學徒，人數不得超過普通工人三分之一。

第六十四條　工廠所收學徒，人數過多，對於學徒之傳授無充分之機會時，主管官署得令其減少學徒之一部，並限定其以後招收學徒之最高額。

第六十五條　工廠對於學徒，在其學習期內，須使職業傳授盡力傳授學徒契約所定職業上之技術。

第六十六條　除第三十一條所列各款外，有左列情事之一者，工廠得終止契約：

一、學徒反抗正當之教導者；

二、學徒有偷竊行爲屢戒不悛者。

第六十七條　除第三十三條所列各款外，於左列情事之一者，學徒或其法定代理人得終止契約：

一、工廠不能履行其契約上之義務時；

二、工廠對於學徒危害其健康或墮落其品行時。

罰則

第六十八條　工廠違背本法第七條及第十一條至第十三條之規定者，處一百元以上五百元以下之罰金。

第六十九條　工廠違背本法第二條第八條至第十條第三十七條及第六十三條之規定者，處以五十元以上三百元以下之罰金。

第七十條　工廠違背本法第四十五條之規定者，處以五十元以上二百元以下罰金。

第七十一條　工廠違背本法第三條第四條第十四條至第十九條及三十六條之規定者，處五百元以下之罰金。

第七十二條　凡工廠工頭對於職務上如因不忠實行為或懈怠致發生事變或使事變範圍擴大時，處以一年以下有期徒刑拘役，或五百元以下之罰金。

第七十三條　工人以暴力妨害廠務進行或摧毀廠內貨物器具者，依刑法最高度之刑處斷。

第七十四條　工人以強暴脅迫使他人罷工時，工廠得即時開除之，並得送官署依法懲辦。

附則

第七十五條　工廠規則之訂定或變更，須呈准主管官署並揭示之。

第七十六條　本法施行條例另定之。

第七十七條　本法施行日期以命令定之。

（附載二）工廠法施行條例

第一條　本條例依工廠法第七十六條規定制定之。

第二條　主管官署執行工廠法及本條例規定之事項，應受最高主管機關之指導監督。

第三條　工廠應置備簿册，隨時詳載工廠法第三第四兩條規定事項，除按期繕呈主管官署外，應保存之。

工人名册乃其他簿册表格之程式，由最高主管機關定之。

第四條　戶籍法未頒行前，工廠雇用工人，於年齡發生疑義時，由工人之法定代理人負責證明。

第五條　十二歲以上未滿十四歲之男女，在工廠法公布前已在廠工作者，應於工廠法施行後兩個月內，將該工人姓名籍貫年齡入廠日期工作種類及工作性質，呈請主管官署核展期限。

第六條　工廠依工廠法第八條第十條之規定延長工作時間時，應詳敍理由，呈報主管官署。

第七條　工廠應將每日開工停工用膳及休息時間，連同全年休假日期公布之。

第八條　工廠採用晝夜輪班制者，應將各班工人姓名及其工作日期與時間備簿登記之。

第九條　工廠法第十六條所稱之紀念日如左：
一、一月一日　中華民國成立紀念
二、三月十二日　總理逝世紀念
三、三月二十九日　革命先烈紀念
四、五月五日　革命政府紀念
五、七月九日　國民革命軍誓師紀念
六、十月十日　國慶紀念
七、十一月十二日　總理誕辰紀念
八、其他由國民政府臨時指定之日
除前項紀念日外，五月一日國際勞動節亦應放假。

第十條　工廠法第十七條之工作年數，其在工廠法施行前者，應合併計算之。

第十一條　工廠應將每月發給工資次數及日期預定公布之。

第十二條　工廠爲全部或一部之歇業或停工在一月以上時，應事先呈報主管官署。

第十三條　工廠舉辦工人及學徒之補習教育時，應將辦法及設備呈報主管官署，並應每六個月將辦理情形呈報一次。

第十四條　女工依工廠法第三十七條之規定停工者，因廠方之請求，應取具醫生診斷書。

第十五條　工廠法第四十條所稱營業年度，由工廠自行規定，呈報主管官署備案。

第十六條　工廠法第四十條規定之獎金或分配盈餘，由工廠擇用其一，於章程中規定之。
工廠法施行前已成立之工廠，應於工廠法施行後兩個月內將前項辦法規定，呈報主管官署。

第十七條　工廠平時雇用工人在三百人以上者，應於廠內設置藥室，儲備救急藥品，並聘醫生，每日到廠，擔任工人醫藥及衞生事宜。

第十八條　童工女工及年滿五十歲之工人，其工作之分配，應於健康檢查後定之。

第十九條　有礙衞生及有危險性之製造場所，應嚴禁兒童入內。

第二十條　工廠雇用女工者，應於可能範圍內設托嬰處所，並雇用看護人，妥爲照料。

第二十一條　工廠之建築，應由註册工程師依工廠法第四十一四十二條規定計畫之。

第二十二條　工廠一切機器及鍋爐，在使用前或使用一定期間後，應由專家舉行安全檢查；如發現危險，應卽停止使用，並從事修理或更換機件。

第二十三條　工廠建築物及其附屬場所，應設相當數目之太平門或太平梯。

第二十四條　工廠門戶應向外開，工作時間不得下鎖。

第二十五條　工廠內應嚴禁吸煙及引帶引火物品。

第二十六條　工廠有左列各款情事之一者，其場屋及附屬場所之建築地點，應由主管官署核定之。
一、凡製造品及其原料有危險性者；
二、凡物品製造時所散布之氣體或洩出之液體危害公衆衞生者。

第二十七條　工廠對於工業上所發出有毒之氣體液體及產餘物質，應視其性質與數量，分別爲濾過，沉澱澄清及分解之設施，不得任意散布或抛入江河池井之內。

第二十八條　工廠遇有工人在工作時間傷病者，應延醫生或送醫院診治，死亡者應即呈報主管官署，並通知其家屬。

第二十九條　工廠法第四十五條所規定之津貼喪葬撫卹等費，工廠應依左列規定給予之：
一、傷病及殘廢津貼至少每半月一次；
二、喪葬費於工人死亡之翌日，一次給予其家屬；
三、撫卹費於工人死亡後一月內給予工廠法第四十六條規定之受領人。

第三十條　工廠應置備簿册載明發給醫藥津貼喪葬撫卹各費日期數目及受領人。

第三十一條　工廠對於工人喪葬費或撫卹費之法定受領人有疑義時，應由受領人覓保證明。

第三十二條　工廠會議之工人代表，由廠內工人過半數以上之出席選舉之。工廠之各部分距離較遠或人數過多者，得按各部分工人人數之多寡分配代表人數，分區選舉之。

第一屆工人代表之選舉，應由廠方於工廠法施行後二個月內擬具選舉法，呈准主管官署後舉行之。

廠中已組織工會者，前項選舉辦法，應由工會簽註意見。

第二屆以後工人代表之選舉，由工廠會議辦理之。

第三十三條　選舉工人代表時，應選候補代表五人至九人，遇有工人代表不能出席時，即由候補代表補充之。

第三十四條　工人代表之選舉辦法，應於選舉前三日於工廠顯明處所公告之；並應於舉行前，向工人至少作一次之口頭解釋。

第三十五條　工廠會議工人代表之任期爲一年，連選者得連任。

第三十六條　工廠應將工廠會議之雙方代表名單，呈報主管官署備案；其改派改選時亦同。

第三十七條　工廠應備置工廠會議紀錄簿，並於開會時派員紀錄左列事項：

一、開會日期及地點；

二、出席代表主席及紀錄員之姓名；

三、討論及決議事項；

四、其他報告及建議事項。

每次會議終了時，應由主席將紀錄當場宣讀，並署名蓋章。

第三十八條 本施行條例與工廠法同日施行。

(附載三) 上海特別市職工退職待遇暫行辦法 十七年十一月三日市政府第三十九號通令公布

一、凡本特別市區域內工商業雇主與職工解除雇用關係時，適用本辦法。
二、凡服務繼續三年以上年滿六十歲之職員或年滿五十歲之勞工，身體衰弱，不堪工作而被解雇或自行告退時，雇主須給與退職金。其金額以該職工最後一月所得之工資，按照其服務年數計算：滿一年者給一月，餘類推；不滿一年者，以比例定之；十年以上者，自第十一年起，減半計算。
前項金額，凡資本不滿一萬元之商號工廠，得酌量減少之。
三、職工確係直接因公殘廢而被解雇時，雇主除照前項發給退職金計算法給與退職金外，須再酌給贍養費。
四、職工確因自身不規則行爲（如沾染花柳病與人鬥毆等事），或係重大疏忽。以致傷害身體，不堪工作時，無論自行告退或被解雇，皆不給退職金及贍養費。
五、職工確因違犯廠店規則，查有實據而被解雇者，皆不給退職金；但廠店規則須經社會局核准，始能發生效力。

六、雇主縮小營業範圍或變更營業方針呈經社會局核准者，對於解雇之職工，須於一個月前通知，並須給與退職金。其金額依照本辦法第二項辦理；但營業連年虧蝕至三年以上者，亦得酌量減少其金額。

七、雇主暫停營業呈經社會局核准者，其停業期間以二個月爲限，逾期作歇業論。但在停業期內之工資，凡以月計工者，至少須發給原有工資三分之一；在廠連續工作之件工，以月工論。其工資計算法，依照該工人最後三個月工資之平均數計算，復業時不得無故更換職工。

八、雇主歇業呈經社會局核准者，除事起倉猝不可逆料外，對於解雇之職工，應於一個月前通知，並須按照財力，儘先給予退職金。

九、本辦法第二項自行告退之職工，受退職金後，在其他商號工廠作相等工作者，前雇主得索還退職金。

十、退職金及贍養費，如雙方不能協議時，由社會局核定之。

十一、本辦法第六項第八項被解雇之職工，得請求雇主給予工作證明書，記載左列事項：

1. 工人之姓名年齡籍貫及住址；
2. 工作種類；
3. 在廠工作之年數及成績；

4.在廠所受之賞罰。

十二、凡職工自行告退，應於一個月前通知雇主；但有特定契約及事起倉猝不可逆料者，不在此限。

十三、本辦法第二項之退職金及第三項之贍養費，得由職工存儲原雇主處，議定息金，按期支取。

十四、雇主如已有自訂或職工協訂之退職規約優於本辦法者，仍從其舊。

十五、本辦法自市長公布之日施行。

勞資爭議處理法

勞資調協的必要

勞資爭議是產業社會的病態；勞資雙方一旦發生爭議，不獨產業界呈不安之象，一切產業無由發展，而一般社會，也往往直接間接的受到不良的影響。因爲勞資爭議發生的時候，在資本家方面，都是採用「封閉工廠」的方法，制服罷工的勞動者；而在勞動者方面，又以罷工或怠工的手段，對付強硬的資本家。如此兩不相下，結果釀成可怕的損失。據說英國一九一二年的煤礦罷工事件所遭致的損失，超過日本一年全國的輸出額。又據日文《世界之勞動期刊》的記載，從一九一九年到一九二三年間因勞資衝突所耗的時間，有如左表：

國別	五年中損失之時間
英國	三五、五八六、〇〇〇

瑞典	四、六九六、七四七
德國	三五、三五〇、九〇〇
澳洲聯邦	二、二二八、三一四
澳洲各州	略
意大利	一三、六五七、五二二
法蘭西	一〇、一七三、四一五
加拿大	一、七〇五、八三五
新西蘭	一〇二、六〇一

在中國，例如上海南洋兄弟煙草公司的工人，因資方不肯簽訂工人提出的條件，在民國十三年曾有一次大罷工，延長日數共計一萬五千七百五十四日，每日工資以大洋四角計，即爲六萬三千十六元三角。又據上海市社會局的罷工統計：民國十七年一月份，罷工案件，共計九起，除英

美煙公司及中國電氣製造廠二案外，餘均本月發生，參與人數，達二〇，一八五人，受罷工影響之工商廠號，凡一，〇四九家。除英美煙公司係英美合組外，餘均華人所經營。至於各案原因，以資方不履行前訂條件爲最多，凡四起；次爲勞方提出條件，未蒙資方承認，凡三起；再次爲資方加薪，未以平等方法處置，及資方因營業清淡，宣告停辦，亦各一起，共計九起。又二月份，罷工案件，凡九起，內有上月未了延至本月者一起，餘均本月發生。參與人數，達七・八六五人，受罷工影響之廠號，凡一五一家。除日華紗廠第三廠及東亞製蔴株式會社二家係日商，祥生鐵廠係英商外，餘均華人所經營。至於各案原因，以解雇糾紛爲最多，凡三起；要求加薪次之，凡二起；他如未發欠薪，勞方條件，資方不予承認，對於捐照規則，發生誤會，要求減捐，免除罰款，亦各一起，合計九起。又三月份，罷工案件，凡十起，內上月未了者二起，本月發生者八起。參與人數，達六七，二七八人，受罷工影響之工商廠號，凡一五一家。除中國公共汽車公司係英商，德信洋行喬治腸廠係德商外，餘均華人所經營。至於各案原因，以解雇糾紛爲最多，凡三起，要求加薪次之，凡二起；他如要求改良待遇，要求減少工作時間，對於捐照規則，發生誤會，工會委員勒索特捐，因緯綸工友姜阿與斃命案，各一起，共十起。又四月份，罷工案件，凡十四起，除華生電器製造廠及金銀業工會第一分會外，餘均本月發生。參與人數，達五・四二二人，受罷工影響之工商廠號，凡一五〇家。除花旗煙公司及遠東鋸木廠係美商，祥生鐵廠英商外，餘均華人所經營。至於各案原因，以要求增加工資爲最多，計三起；次爲解雇糾紛，計二起；他如工人與管理員衝突，要求改良待遇。要求補發罷工期內工資，反對淞寶長途汽車，要求上午發工資，取消原有升工，工人與警察衝突，工人否認廠方改訂廠規，及未發欠薪等原因，亦各一起，共計十四起。又五月份，罷工案件，凡十起，除金銀業工會第二分會，祥生鐵廠，及中華海員工業聯合總會上海分會三案外，餘均本月內發生。參與人數，達三，五〇〇人，受罷工影響之工商廠號，凡四四七家。除祥生鐵廠，英美煙公司係外商外，餘均華人所經營。至於各案發生原因，要求加薪，凡三起。捨此而外，殊不一致，幾每一案件，即有其特殊原因，如解雇糾紛、未發欠薪、工人被捕、資方減少工資、要求履行前訂條件、勞方要求開除工人、資方減少工作時間等，各佔一起，共計十起。又六月份，罷工案件，凡八起，內有上月發生者四起，本月份發生者四起。參與人數，達六六，八六二人，受罷工影響之工商廠號，凡三四三家，均爲華人所經營。至於各案原因，殊不一致，各有其特殊原因，如工友被捕，資方減少工資，勞方減少工作時間，資方要求開除工人，勞方要求加薪，工人不滿意工會委員，絲廠工人不滿法院姜案判決，及公用局核減車照皆是。

勞資調協就在救濟由勞資衝突而引起的各種災害，使勞動者與資本家之間的利益得到調和。因此，我們所謂勞資調協，並不是在扶助資本家以壓迫勞動者，乃是使勞動者在利益調和的基本原則上，以改善其生活。所以在此種以勞資調協爲基本原則的勞動立法之下，我們最應該注意的，就是勞動者的生活和待遇的改善問題。至於不幸而發生爭議，我們就該用調解或仲裁的方法，防止爭議的延長，減少爭議的損失。這種辦法，有人以爲不能改善工人的地位；因爲勞動者和資本家的利害不同，不是工人打倒了資本家，就是資本家壓迫著工人，中間沒有調協的餘地。所以他們反對用調解仲裁以解決勞資爭議，而主張以階級鬥爭爲前提。但是，我們要知道，社會的進步，全賴社會中各個分子的調和，若是互相殺伐，社會那有健全的可能。中山先生說得好：「社會之所以有進化，是由於社會上大多數的經濟利益相調和，不是由於社會上大多數的經濟利益相衝突；社會上大多數的經濟利益相調和，就是爲大多數謀利益，大多數有利益，社會才有進步」。又說：「在資本家一方面，可以多得生產，在工人一方面也可以多得工錢。這是資本家和工人的利益相調和，不是相衝突」。中國的勞動立法所以要採勞資調協的原則，第一個理由就是在使社會上大多數的經濟利益相調和，以解決勞資雙方的生存問題。其次，勞資調協對於產業的發展，也有很大的關係。目前我國在外國經濟侵略的鐵蹄之下，一切工商業既多仰賴外人的啜餘爲生活，勞資雙方，應該格外的互相容忍，互相讓步，以「增加生產」爲前提。若因勞資衝突之故而使本國的產業停頓，不獨勞資雙方胥蒙其害，卽吾民族國家亦將受制於外國資本家而末由振拔了。這是中國勞動立法所以主張勞資調協的第二個理由。

調停爭議的制度

調停勞資爭議的制度，各國不同，大致不外乎：一、和解，二、自願的仲裁，三、強制調查，四、強制裁定，五、強制仲裁。所謂和解，就是說在爭議發生的時候，由政府勸告雙方不要各走極端，互相讓步，了息爭議。所謂自願的仲裁，是說勞資爭議不能和解的時候，政府的和解機關，取得雙方或一方的同意，把這爭議付諸仲裁；不過爭議的是否提交仲裁，雖係當事人的自由，政府不能強制，而一經提交仲裁以後，政府得用威權來干涉——這種干涉，仍不違背自願的原則。所謂強制調查，就是說政府在勞資爭議發生的時候，不問雙方是否願意，逕行召喚證人，蒐集證據，提出建議；不過這種建議，依法沒有拘束力。所謂強制裁定，就是說在勞資爭議發生的時候，政府機關召集雙方，裁決辦法；這種裁決雙方都須遵行，不准違反。至於強制仲裁，就是說政府用直接或間接的手段，強制雙方將其爭議提出仲裁，並須服從仲裁的決定；這個制度，無異是強制調查和強制裁定的混合物。

以上五種制度，都是含有國家的干涉在內；不過一、二兩種，在提交審議的手續上都是以爭議當事人的自願提出爲要件，可以叫做任意和解仲裁制度；後三種因爲都不是以雙方自願提出爲要件，可以叫做強制和解仲裁制度。我們中國現在所採用的，不是強制的和解仲裁制度，而是任意的和解仲裁制度（在全部制度中，自然也有幾處含有強制的性質）。

中國現在採用的調停制度，步驟有二：第一步是調解；第二步是仲裁。調解仲裁的辦法，具載於國民政府頒行的勞資爭議處理法。該法第一條規定：「本法於雇主與工人團體或工人十五人以上關於雇傭條件之維持或變更發生爭議時適用之」。依此條文，上海特別市政府制定施行辦法。其第一項有：「關於尙未核准註册之工會與資方爭議事件，如一、呈請手續已完全並繳驗黨部證書（編者按：指上海市黨部證明組織健全之文件）者，以已核准註册論，凡有呈請解決事件，應適用勞資爭議處理法。二、手續已完，證書未到；三、手續未完，證書已到；四、手續未完，證書未到；五、尙未呈請註册者；——以上四項，其呈請事件關係工會全體者，批斥不理；如爲一部分工人，應批令以工人爲當事人，另文呈訴；倘人數不滿十五人以上者，不適用勞資爭議處理法」。又第四項規定：「雖工會組織之工人聯名呈請要求改良待遇條件：一、呈訴人必須超過該業或該廠號全體勞工半數以上，署名劃押。方予受理；但仍受勞資爭議處理法第一條十五人之限制。二、呈訴人不滿該業或該廠號全體勞工人數之半，不予受理。三、該業或該廠號全體勞工人數有組織工會之可能時，應俟工會成立並經核准註册後，再予受理」。又第五項規定：「已經核准註册之工會對於資方團體要求改良待遇條件：一、工會會員有該業全體勞工半數以上時，准予受理。二、工會會員人數不足該業全體勞工半數以上時，調解時應以本身所具技能與所執職業及所在廠號資本均屬相等之會外工人所得最優之待遇爲準」。又第六項規定：「已經黨部核准之工會籌備處或整委會所呈訴之事件：一、關於要求改良待遇條件，應俟工會正式成立並核准註册後，方予受理。二、關於解雇及停業事項，不予受理，應批令由本人署名呈訴核辦。

勞資爭議處理法第三條規定：「主管行政官署（編者按：在市爲市政府，在縣爲縣政府）於勞資爭議發生時，經爭議當事人一方或雙方之聲請，應召集調解委員會調解之。如主管行政官署認有付調解之必要，雖無當事人之聲請時，亦同。調解成立時，視同爭議當事人間之契約；如當事人之一方爲工會時，視同爭議當事人間之勞動契約」。尋繹本條的意味，任意之外，另有強制的規定：如調解應由當事人聲請，主管官署方始受理，這可說是「任意」；「如主管官署認有付調解之必要，雖無當事人之聲請時，亦同」，這可說是「強制」。若與第三項——「調解成立時，視同爭議當事人間之契約；如當事人之一方爲工會時，視同爭議當事人間之契約」，合而觀之，那我國所行的調解制度，幾與加拿大和美國哥羅拉多州的強制調查制度，無甚區別。

以上是論調解制度的性質，至於調解之外——調解不成立後，勞資爭議處理法第四條規定：「勞資爭議事件調解不成立時，經爭議當事人雙方或一方之聲請，應付仲裁委員會仲裁」。準此，官廳的調解，不必要有當事人的聲請，而仲裁則以當事人的聲請爲條件，中間並無強制的規定。又看第五條：「爭議當事人於仲裁委員會之裁決送達後五日內不聲明異議者，該裁決視同爭議當事人間之契約；如當事人之一方爲工會時，視同爭議當事人間之勞動契約」。仲裁須出爭議當事人的自願，裁決之後又可聲明異議；所以我國現行的仲裁制度，不是「強制仲裁」，而是「自願的仲裁」。這種制度的利弊，那是另一問題，留待下文討論。

從調解到仲裁

勞資爭議的調解，先由調解委員會負責處理；調解委員會設委員五人或七人，由下列代表組織而成：一、主管行政官署派代表一人或三人（不以主管行政官署的職員爲限，如黨部職員地方士紳等都可選充代表）；二、爭議當事人雙方各派代表二人。如當事人在三日內猶未選派代表者，主管官署得依職權代爲指定。代表報到後，主管官署應從速召集開會，並以主管官署所派代表爲主席。至仲裁委員會的組織，則與調解委員會稍有不同。仲裁委員會置委員五人，由下列代表組織而成：一、省政府或該管市縣政府代表一人；二、省黨部或該市縣黨部代表一人；三、地方法院代表一人；四、與爭議無直接利害關係之勞方及資方代表各一人。第四款代表的選任，應由「省政府或不屬於省之市政府，於其所轄之區內，每年應命工人團體及雇主團體各推定堪爲仲裁委員者十五人至三十人，開列名單，送請核准。遇有仲裁事件，前條第四款之代表，即就此項名單中指定與爭議無直接利害關係者充任之」。

（第十四條）又，「凡曾任調解委員會委員者，不得爲同一事件之仲裁委員」。（第十五條）仲裁委員會是獨立的機關，有法律所賦與的職權，在裁決爭議時，主管官署不得任意干涉。

爭議的調解，先由當事人向主管官署提出調解聲請書；聲請書內容，包括下列各項：「一、當事人之姓名職業住址或商號廠號，如爲團體者，其名稱及事務所所在地；二、與爭議事件有關之勞工人數；三、爭執之要點」。調解委員會應於召集後二日內，開始調查爭議事件的內容。調解委員會得因調查事項傳喚證人或命關係人到會說明或提出說明書；證人和關係人不得無故不到會或不提出說明書；違者處以百元以下的罰金。調解委員會又得向關係工廠商號等調查眞相；如被調查者拒絕調查，或故作虛僞的說明，法院應處以百元以下的罰金。調解委員不得洩漏調查所得的秘密，違者處以百元以下的罰金。調查完畢後，調解委員會應即決定辦法：「經爭議當事人雙方代表之同意，在調解筆錄簽名者，調解爲成立」；如有一方不肯簽名，雖經多數通過，亦屬無效。

仲裁的聲請，應由當事人向主管官署提出仲裁聲請書；聲請書的內容，包括下列各點：「一、當事人之姓名職業住址或商號廠號，如爲團體者，其名稱及事務之所在地；二、調解不成立之事由；三、請求之目的」。仲裁委員會的仲裁，據第三十一條的規定，「以全體委員之合議行之，取決於多數」。這與調解委員會的辦法，顯有不同。又，爭議當事人，在仲裁期間，均得成立和解；惟須將和解條件呈報仲裁委員會備案。

各國立法，仲裁期間，大多禁止罷工。美國有二十餘州採取自願的仲裁，但也須使當事人連帶的承認不罷工。馬薩諸塞規定最急切的罷工，須得通知。內華達和阿拉斯加州，在仲裁期中，罷工和排工均屬非法；即在處斷後三月內，依據阿拉斯加的法律，如果沒有三十日的預告，工人罷工，雇主排工，皆在禁止之列。中國勞資爭議處理法，也有二條關於當事人行爲的限制。第三十三條說：「在調解及仲裁期內，雇主不得停業或開除工人，工人不得罷工」。又第三十四條說：「工人或工人團體不得有左列行爲：一、封閉商店或工廠；二、擅取或毀損商店工廠之貨物器具；三、強迫他人罷工」。又第三十五條規定：「爭議當事人有違反第三十三條及第三十四條之規定時，主管行政官署及調解委員會或仲裁委員會得隨時制止；不服制止者，得處以二百元以下之罰金。其行爲已犯刑法者，乃依刑法處斷」。

仲裁制度研究

如上所述，中國現行的仲裁制度，不是強制的，而是任意的，自願的。第一，依據勞資爭議處理法第四條規定，仲裁須「經爭議當事人雙方或一方之聲請」，在交付仲裁的手續上，政府不用強制的手段；第二，依據同法第五條規定，爭議當事人，對於仲裁的裁決，得在送達後五日內聲明異議。這種仲裁制度的利弊如何，這是值得研究的。

在勞資爭議處理法修正之前（該法公布於十七年六月九日，預定以一年爲試行期；十八年七月十二日奉國民政府命令，自十八年六月十九日起展期六個月；至十九年三月八日由立法院重行修改，遂成本法），依據十七年公布的法文，仲裁本有強制的性質。試看舊法第四條說：「左列各事業發生勞資爭議，其事件經調解而無結果者，應付仲裁：一、軍事機關直接經營之軍需製造業；二、供公衆需要之自來水電燈業或煤氣事業；三、供公衆使用之郵務電報電話鐵路電車航運及公用汽車事業」。又第五條規定：「前條以外之勞資爭議事件調解無結果者，經爭議當事人雙方之聲請，應付仲裁委員會仲裁。但行政官署因爭議形勢重大，並延長至一月以上尚未解決而認爲有仲裁之必要時，雖無爭議當事者之聲請，亦得將該項爭議交付仲裁委員會仲裁」。又第七條規定：「爭議當事者對於仲裁委員會之裁決，不得聲明不服。前項裁決，視同爭議當事者間之勞動契約，前項視同勞動契約之仲裁裁決，如經明定存續期間，除適法解約外，當事者任何一方，不得於該期限內提出變更該裁決之要求」。又第三十八條規定罰則：「爭議當事者對於……第七條第二項所定視同勞動契約之……裁決，有不履行者，聲二百元以下之罰金或四十日以下之拘役。於前項情形，得由爭議當事者另依民事法規逕向法庭請求強制執行」。

以上幾條規定強制仲裁的條文，在新法中給立法者一概删去了。依據新法——修正法的規定，前已說過，第一，爭議事件的是否交付仲裁，悉聽當事人自便，政府不復干涉；第二，仲裁的決定，當事人得在五日內聲明異議。這種原則上的變更，是便利資方呢，還是便利勞方？抑與雙方都有便利？這個問題，我們姑且不談，我們先看外國勞動法上的規定。

英國的仲裁制度，可說自願的而不是強制的；英國的工人，也是贊成自願的仲裁，而反對強制的仲裁，然雇主則大部分歡迎強制的仲裁。英國在一八九六年制定的調停法，富於任意的色彩。一九〇八年，政府制定一個強制調查法案，要求國會承認；那時代表工人利益的議員，一致反對，該法卒未通過。這是工人反對強制仲裁的鐵證。大戰期間，英政府於一九一五年頒布一個戰事軍用法令，規定在某幾種的產業上，不獨是嚴格的禁止罷工或排工，甚至個人退工，亦須取得退工證書，否則處以六個月的失業處分。並且在這個法令之下，認為仲裁制度都應由國家強制。所以英國政府特別設立兩個裁判所：一個是地方裁判所，一個是一般的裁判所。每個裁判所的主席，都由國家任命。裁判所的決定，也有拘束當事人的效力。可是，這個制度，因與勞動者的意見相反，所以後來結果不好。根據戰時軍用總長的報告，在這些罷工的人員中只有百分之一五是依法提起公訴的。又據一九一八年的統計，這個一九一五年的法令，在戰爭時期中，只有百分之七十五的時間是有效的；並且在有效期間，又有百分之八五的總時間都是因爲罷工而損失的。所以這個戰時的英國強制制度，可謂完全失敗。懲前毖後，英國於一九一九年根據懷特勒委員會的報告，成立三十五個聯合產業委員會，爲了永久的解決勞資爭議起見，便給勞動者以直接支配產業爭議的責任。強制制度，當然拋棄。

美國的仲裁制度，和英國大同小異，也是採取自願制度的。美國政府，卽在戰時也沒有採用強制的仲裁制度。一九一八年四月，依據總統的法令，成立一個國民勞動委員會；會中職員，由雇主及工人各選代表五人，並共選一人，代表公衆，擔任主席。該會的特色，就是他的裁定，如果違背，完全沒有執行的懲罰和裁制，一概訴諸愛國心上的判斷。從表面看，這個委員會，彷彿覺得太無力量，不過在事實上，這種自由的政策，竟是大告厥成。因爲從一九一八年四月至一九一九年五月三十一日，一共接收了一千二百四十五個案件；其中和平解決的，共有四百六十二件，自願撤消的，也有三十九件。還有三百十五件，並非不能解決，只是把他退到初審機關去。綜合起來，只有三個爭議沒有調和，二十五個爭議正待解決，一個爭議成爲懸案。於此可見這個委員會的成功。跡其原因，都是由於沒有強制執行裁決的原故。

關於這種自願的仲裁制度，法、德、奧、意、丹麥、瑞典、西班牙等國，在勞動法上都有明文規定。不採自願仲裁制度而採強制仲裁制度的，現在只有三四個地方（如澳大利亞洲）。

綜觀上文，自願的（任意的）仲裁制度，差不多已成勞動法上一般的趨勢，難怪中國也有這樣的規定。不過自從勞資爭議處理法修正以來，因為仲裁的裁決沒有拘束當事人的效力，勞資糾紛格外不容易解決。據編者所知，上海仲裁委員會裁決的爭議事件，十之七八，沒有執行；而抗不執行的，則又多為資方。因為資方知道只要政府不故意的幫助勞方，在自由鬥爭的原則下，勞方是無不失敗，資方是終必勝利的。我曾說過，在勞動者方面，工作與否，是有飯吃無飯吃的問題，是生死存亡的問題；在資本家方面，開設工廠與否，是發財的問題，是得利多少的問題。資本家可以一年二年的停閉工廠，而勞動者卻不能一年二年的罷工不做。所以只拿罷工問題來講，在現在的中國，罷工不獨不能使資方屈服，而且適是勞方的自殺。資方看到這點，所以在任意的仲裁制度之下，仲裁的裁決，如其有利於自己，自然奉行不違，如其不利於自己，則於五日內聲明異議。那時勞方若以罷工相要挾，則資方在長期的準備之後，便以排工相對付；好在資方有的是錢，他可以雇用流氓，暗算工人，勾結軍警，破壞工會，甚至賄買公務員去取締工人的活動；資方無不然，就封鎖廠門，托庇租界，給你一個不理。前者是積極的辦法，後者是消極的辦法；資方無論採取那一種，勞方都非失敗不可。所以仲裁若可任意，對於裁決若可聲明異議，則資方可應付裕如，而勞方則無路可走。裁決若有利於勞方，則資方勢必聲明異議，結果一無所得；裁決若有害於勞方，勞方雖可聲請異議，然聲明異議之後，除了直接行動——罷工外，簡直沒有補救的辦法；而罷工的效力，則又十分不可靠。所以在這種仲裁制度下，工人幾無實惠之可得。

然則英美各國的工人，何以贊成任意的仲裁，而反對強制的仲裁呢？這有一個原因。英美各國的政府，是資本家的御用機關，是專爲資本家效力的；這種政府，往往偏袒資方，壓迫勞方。由他們手中裁決的事件，自然有利於資方而無益於勞方。所以勞方遇到爭議，不願政府干涉，願意自己來解決。自己是爭議的當事者而同時又是爭議的仲裁者，這是英美工人的希望。他們因爲不信任政府，所以不要政府來仲裁，自然更不要強制的仲裁制度。反之，政府假使不是代表資本家，政府假使眞爲多數人民謀利益，工人不獨不會反對政府來仲裁，而且一定歡迎強制的仲裁。試舉一個例：澳洲的新西蘭，現在施行強制的仲裁制度。在強制制度實行以前，新西蘭的工人，曾有四次大罷工，但是沒有一次成功；工人大受刺激，在國會改選時，於是四出運動，結果大獲勝利，勞動者在國會裏佔著很重要的地位。所以一八九四年便有破天荒的強制仲裁法令出現。

中國工人的生活很苦，中國工人的能力又很弱，他們不能自求解放，他們的解放，有待於第三者的援助；而革命的中國國民黨和黨所建立的政府，便是他們所仰望的第三者。黨和政府，應該根據主義，扶助勞工，不使常常乞靈於罷工的自殺政策；換言之，勞方應自資方取得的利益，如果資方靳而不予，黨和政府應該援助他們去交涉，必使獲得而後已（過甚的要求自然也應由黨和政府加以阻制）。強制的仲裁制度，便是達到這種目的的方法。勞方的要求如果正當，仲裁委員會應該准其所請，資方如其反對，應卽強制執行；勞方的要求如其失當，仲裁委員會應予駁斥，勞方如其反對，亦應依法懲辦。那時資方無可狡橫，勞方也不准亂動：於公於私，都很便利。現在勞資爭議處理法採取任意的仲裁制度，在資方「任意」聲明異議之後，黨與政府只好聽其自然，迫得雙方短兵相接。這是編者期期以爲不可的。

(附載一) 勞資爭議處理法

總　則

第一條　本法於雇主與工人團體或工人十五人以上，關於雇傭條件之維持或變更發生爭議時適用之。

第二條　本法所稱主管行政官署，除有特別規定者外，在市爲市政府，在縣爲縣政府。

第三條　主管行政官署於勞資爭議發生時，經爭議當事人一方或雙方之聲請，應召集調解委員會調解之。

如主管行政官署認有付調解之必要，雖無當事人之聲請時，亦同。

調解成立時，視同爭議當事人間之契約，如當事人之一方爲工會時，視同爭議當事人間之勞動協約。

第四條　勞資爭議事件調解不成立時，經爭議當事人雙方或一方之聲請，應付仲裁委員會仲裁。

第五條　爭議當事人於仲裁委員會之裁決送達後五日內，不聲明異議者，該裁決視同爭議當事人間之契約，如當事人之一方爲工會時，視同爭議當事人間之勞動協約。

勞資爭議處理之機關

調解機關

第六條　勞資爭議之調解，由調解委員會處理之。

第七條　調解調查會置委員五人或七人，以左列代表組織之：

一　主管行政官署派代表一人或三人；

二　爭議當事人雙方各派代表二人。

前項第一款之代表，不以主管行政官署之職員爲限。

第八條　勞資爭議依第三條第一項之規定應付調解時，其爭議當事人應於接到主管行政官署之通知後三日內，各自選定或派定代表，並將其代表之姓名住址具報。

主管行政官署於認爲必要時，得將該項期限酌量延長之。

逾期未將其代表姓名住址具報者，主管行政官署得依職權代爲指定之。

第九條　調解委員會委員人選定後，主管行政官署應從速召集開會，並以主管行政官署所派代表爲主席。

但第十一條第三項規定之調解委員會，以工商部所派代表爲主席。

調解委員會已經召集開會而委員拒絕出席致調解無從進行者，以調解不成立論。

第十條　調解委員會之主席，得調用各該主管行政官署之職員，辦理記錄編案擬稿及其他一切庶務。

第十一條　同一勞資爭議事件，該主管行政官署有二個以上者，如右該主管行政官署在同一省區時，第七條第一款之主管行政官署，由省政府指定之。於必要時，第七條第一項第一款之代表，並得由該省政府指派。同一勞資爭議事件不在同一省區時，第七條第一項第一款之主管行政官署，由工商部指定之。於前項情形如工商部認爲必要時，第七條第一項第一款之代表，得由該部指派。

仲裁機關

第十二條　勞資爭議之仲裁，由仲裁委員會處理之。

第十三條　仲裁委員會置委員五人，以左列人員組織之：

一　省政府或該管市縣政府代表一人；

二　省黨部或該市縣黨部派代表一人；

三　地方法院派代表一人；

四　與爭議無直接利害關係之勞方及資方代表各一人。

第十四條　省政府或不屬於省之市政府，於其所轄之區內，每年應命工人團體及雇主團體各推定堪爲仲裁委員者十五人至三十人，開列名單，送請核准。遇有仲裁事件，前條第四款之代表，即就此項名單中指定與爭議無直接利害關係者充之。

依前項規定核准之仲裁委員名單，應咨請工商部備案。

第十五條　凡曾任調解委員會委員者，不得爲同一事件之仲裁委員。

第十六條　仲裁委員會由省政府或該管市縣政府召集之，以召集機關之代表爲主席。但十八條規定之仲裁委員會，以工商部所派代表爲主席。

第十七條　仲裁委員會之主席，得調用其所屬官署或其所在地方法院之職員，辦理記錄編案擬稿及其他一切庶務。

第十八條　同一勞資爭議事件，其範圍不限於一省者，第十三條第一款之代表，由工商部指派。第四款之代表，由工商部就相關各省之仲裁委員名單抽派之。

勞資爭議處理

調解程序

第十九條　爭議當事人聲請調解時，應向主管行政官署提出調解聲請書。

第二十條　調解聲請書應記名左列各項：

一　當事人之姓名職業住址或商號廠號，如爲團體者，其名稱及事務所之所在地；

二　與爭議事件有關之勞工人數；

三　爭執之要點。

第二十一條　未經爭議當事人聲請而由主管行政官署提付調解時，該行政官署須將應付調解事項，以書面通知雙方當事人。

第二十二條　調解委員會應於召集後三日內，開始調查左列事項：

一　爭議事件之內容；

二　爭議當事者提出之書狀及其他有關係之文件；

三　爭議當事者雙方之現在狀況；

四　其他應調查事件。

調查期間非有特別情形，不得逾七日。

第二十三條　調解委員會得因調查事項傳喚證人，或命關係人到會說明或提出說明書。

第二十四條　調解委員會得向關係工廠商店等調查或詢問。

第二十五條　調解委員會委員不得洩漏調查所得之秘密事項。

調解委員會調查完畢後，應於二日內爲調解之決定。但有特別情形或爭議當事人雙方同意延期時，不在此限。

第二十六條　調解委員會之調解，經爭議當事人雙方同意延期時，不在此限。

第二十七條　調解委員會之調解，經爭議當事人雙方代表之同意，在調解筆錄簽名者，調解爲成立。調解委員會應將調解之經過，報告主管行政官署。

仲裁程序

第二十八條　爭議當事人聲請仲裁時，應向主管行政官署提出仲裁聲請書。主管行政官署收受前項文卷後，應從速於該行政官署所在地或爭議事件所在地召集仲裁委員會。

第二十九條　爭議當事人因調解不成立申請仲裁時，其聲請書應記明左列各事項：

一　當事人之姓名職業住址或商號廠號；如爲團體者，其名稱及事務所之所在地；

二　調解不成立之事由；

三　請求之目的。

第三十條　第二十三條至二十六條之規定，於仲裁程序準用之。

第三十一條　仲裁委員會之仲裁，以全體委員之合議行之，取決於多數。
仲裁委員會應將前項仲裁，於二日內作成仲裁書，送達雙方當事人，並送主管行政官署備案。
第三十二條　爭議當事人不論仲裁程序至何程度，均得成立和解；但須將和解條件，呈報仲裁委員會。

爭議當事人行爲之限制

第三十三條　在調停及仲裁期內，雇主不得停業或開除工人。工人不得罷工。
第三十四條　工人或工人團體不得有左列行爲：
一　封閉商店或工廠；
二　擅取或毀損商店工廠之貨物器具；
三　強迫他人罷工。

罰　則

第三十五條　爭議當事人有違反第三十三條及第三十四條之規定時，主管行政官署及調解委員會或仲裁委員會得隨時制止。

不服制止者，得處以二百元以下之罰金。其行爲已犯刑法者，仍依刑法處斷。

第三十六條　有左列行爲之一者。處百元以下之罰金：

一　違反第二十三條規定，無故不到會或不提出說明書者；

二　違反第二十五條規定者。

前項第二款情形構成刑法上之犯罪行爲時，依刑法處斷。

第三十七條　有左列行爲之一者，處百元以下之罰金，但證人爲虛僞之陳述時，依刑法僞證之規定處罰：

一　於第二十三條而爲虛僞之說明者；

二　第二十四條所定情形無故拒絕調查答覆或爲虛僞之陳述者。

第三十八條　遇有本章各條所定應處罰之行爲，得由主管行政官署及調解委員會或仲裁委員會，申述事由，移送該法院審理。該管法院除有特別情形者外，應於接收案卷後二十日內宣告裁判。

附則

第三十九條　省政府或不屬於省之市政府，於必要時得擬具本法施行細則，呈請國民政府核定之。

第四十條　本法自公布日施行。

（附載二）上海特別市勞資爭議處理法施行細則 十七年六月二十八日上海特別市政府公布

第一條　本細則依據勞資爭議處理法（以下稱本法）第四十五條之規定，由上海特別市政府制定之。

第二條　本特別市內勞資爭議事件繫屬之行政官署，在調解時爲市政府所屬之社會局，在仲裁時爲市政府。

第三條　爭議事件發生在本市特別區者，本法第十五條第三款之仲裁委員，由臨時法院院長或其代表派充之。

第四條　本法第十五條第四款指派之代表，又第十條代爲指定之代表，已經行政官署指定者，不得推諉；如因確有事故不能出席者，應於接到通知書後卽行聲明。

第五條　當事者派定之代表，到會時應提出本人書類，以資證明。

第六條　當事者任何一方已提出聲請調解書後，不得再提出新要求條件。

第七條　行政官署接受調解委員會之決定，除備案外，卽須督促當事者遵期履行。

第八條　當事者任何一方如不明調解委員會之決定，自送達之日起算五日內，提出聲請仲裁書。

前項期間爲不變期間，如逾期不聲請仲裁，以表示同意論。

第九條　公開仲裁時，如聲請仲裁之一方不遵期到會，仲裁委員會得以裁決撤銷其聲請，他方如不遵期到會至二次者，得爲缺席裁決。

第十條　視同勞資契約之決定或裁決，如無時間規定者，至少以一年爲有效期間。

第十一條　除本法第三十五條第三十六條所規定之限制行爲以外，若有其他行爲，調解或仲裁機關認爲不正當者，得隨時制止之。

第十二條　住居本市特別區之當事者或證人，及有關係工廠商號等，不受行政官署及調解仲裁機關之命令或調查者，均得由臨時法院協助之。

第十三條　本細則奉國民政府核定後由本特別市政府公布之日施行。

（注意）本細則頒行於勞資爭議處理法修正之前（該法由立法院於本年五月八日第七十九次會修正），其與該法衝突之處，當然失效。——編者

(附載三)調解決定書舉例

上海特別市勞資調解委員會決定書　調字第三九二號

爭議當事者　勞方上海特別市華洋印刷工會

資方上海特別市商民協會鉛印業分會

右列爭議當事者，爲改訂待遇條件糾紛，經本委員會召集調解，特爲決定如左：

主文

上海特別市華洋印刷工會與上海特別市商民協會鉛印業分會，於民國十九年三月十七日雙方同意改訂待遇條件二十條暨附則四條，應視同爭議當事者間之勞動契約。

理由

查該業勞資舊訂條件，業經期滿，玆得雙方同意，改訂並簽字。依照勞資爭議處理法第三條第二項之規定，應視同爭議當事者間之勞動契約（中略）（條件載第八章附錄）。根據以上事理，經本委員會全體委員之考慮與公決，認爲平允，特爲決定如主文。

本件既經雙方同意簽字，不得聲請仲裁。

主席委員　邱培豪印
委員　瞿壽康印
委員　徐德鄰印
委員　戴鍾麟簽
委員　何智祥簽
記錄　王志欽

中華民國十九年三月十七日

（附載四）仲裁裁決書舉例

上海市勞資仲裁委員裁決書　第十一號

爭議當事人
勞方　熒昌火柴工會
資方　大中華火柴股份有限公司

右列勞方，因資方合併熒昌火柴廠，要求發給退職金，數經調解，均無結果，由社會局呈請市政府核准提付仲裁。本會依法受理，爲之裁決如左：

主文

勞方要求發給退職金之請求駁斥。

理由

按退職金一項，爲優待退職職工而設，徵之職工退職待遇暫行辦法第一條有「工商業雇主與職工解除雇用關係時適用本辦法」之規定；是勞資兩方，如無解雇事實，絕不發生退職金問題，自無疑義。本案詢據勞方代表聲稱：「熒昌廠開辦十九年來，廠方資本，逐年有增，營業範圍，亦陸續擴大。工人努力其間，不無勞績。刻下廠已結束歸併，廠長經理，均由大中華公司更換，工人方面亦自應告一段落。故要求資方依照本市職工退職待遇法規，計算工人服務年數，發給退職金」等語。再詢資方代表，據稱：「大中華火柴公司合併熒昌廠，係繼承熒昌廠一切權利義務；公司對於熒昌廠原有工人之雇傭契約及待遇條件，早經宣告繼續有效。資方雖有改組經過，勞方並未受任何之影響。且即以退職金而論，應否發給，要以有無解雇爲斷；現在公司無解雇之事實，工人無解雇之請求，僅以告一段落，在職之人要求預享退職之權利，於法無據，公司殊難任受」等語。審核雙方陳述，熒昌火柴廠名稱雖因合併之故而歸消滅，然大中華公司對於該廠一切義務，均應繼承；換言之，即工人取得於熒昌廠之所有權利，仍屬依舊存在，絕不因資方之合併，致喪失其工作之年資，而損及將來合法退職金之額數。故對於目下並無解雇之熒昌廠工人而要求退職金之發給，其理由殊欠充分。再查職工退職待遇辦法所列各項退職金之規定，第二三兩項爲年老及因公殘廢被解雇時，須給退職金；第六項爲雇主縮小營業範圍或變更營業方針解雇職工時，須給退職金；第八項爲雇主歇業解雇職工時，須按財力給予退職金。雖給與之情形不同，而相互間脫離雇傭關係則一。本案事實迥異，請求發給退職金，依法應予駁斥。經全體委員一致議決，特爲裁決如主文。

中華民國十九年十月二十九日

主席委員　孫葆瑢

委　　員　陶百川

　　　　　江公亮

　　　　　駱崇泰

　　　　　周學湘

　　　　　陸祺生

書 記 員　陳天駼

團體協約法

勞動契約的進化

凡在一定期間或不定期間，一人出其勞動力以供他人的驅使因而獲得相當金錢酬報者，叫做勞動契約。勞動契約，和通常的契約一樣，應該有三個要素：一、兩締約者的同意；二、合法的目的；三、兩締約者的能力。但在實際上，締結勞動契約的時候，工人沒有協商的餘地；如工場章程的頒行，完全根據雇主片面的意旨，工人絕無參加意見的機會。然而這個還是勞動保護時代的現象；至於隸屬勞動時代的情形，那更不堪問聞了。

勞動契約的進化，可分四個時代來看。最初是隸屬勞動時代。這個時代所包含的制度有三：第一是奴隸制度，第二是農奴制度，第三是債奴制度。這個時代的特質，就是勞動者的勞動，完全是受強制的。社會的經濟進化，稍後就到半隸屬的勞動時代。這個時代所包含的制度：第一是徒弟制度，第二是工頭制度。這個時代的特質，就是半強制的勞動契約的成立。到了十八世紀，歐洲各國，一方面受了產業革命的影響，一方面受了個人主義的宣傳，覺得自由契約是維持和平的坦道；於是風氣大開，便到所謂自由勞動時代。這個時代的特質，就是勞動契約的自由。但是資本家和勞動者，事實上沒有平等的財力，因此沒有均等的自由；資本家和勞動者締結的勞動契約，都是偏於資本家片面的利益。爲了彌補這個缺點起見，所以政府採用勞動立法的手段，取締自由契約上的種種不平等條件。換句話說，就是個人締約方面，國家便以國權爲基礎，剷除一切不平等的束縛。這是勞動保護時代的特質。

勞動保護時代的另一特質，便是團體協約的成立。團體協約和上面所說的個人契約，性質大不相同。個人契約，是一雇主與一工人所訂的契約；團體協約，是一個工人團體的代表與他方雇主團體的代表或雇主個人所訂的關於工人待遇的契約。上面已經說過，勞動者的個人對於雇主是不能立於平等地位的。雇主的經驗智識才力財力，都勝過勞動者個人；而且因分工分業的進步，勞動者生活的艱難，普通工人的供過於求，雇主隨時可以任意選擇多數的勞工而自由雇用。如果那幾個勞工不願曲從雇主的條件，雇主就可隨時另雇一班工人來工作。而在勞動者方面，因爲謀生和謀事的困難，不得不曲從雇主的條件。所以在自由勞動時代，勞動者個人固然不能和雇主站在平等的地位，談判雇傭的條件；即在勞動保護時代，勞動者個人因爲上述的原因，同樣不能有締結勞動契約的自由。後來勞動者覺悟了團結的必要，經過了若干次的試驗，知道勞動者的個人和雇主的個人雖不能站在平等的地位上，而不免於失敗和屈服，但若勞動者大家聯合起來，作一致的行動，對雇主作同一的要求，就可以和雇主個人或雇主團體站在平等的地位，訂立較爲公平的契約。這是團體協約的由來。在立法者方面，近來也知道階級間的衝突，不是慈善性的濟貧事業所能解決，因爲大多數的勞動者，先就受了自由平等的感化，決不許任何一人有憐恤他們自己的權利。但在他方面，又不是專制性的獨斷政策所能解決；因爲現在的勞動者既然承認是社會的主人翁，更決不能忍受這種片面的指揮。所以現在的勞動問題，除了使勞資雙方各設團體，各舉代表，協商一切的雇傭條件，訂立團體協約外，決沒有調和妥協的餘地。所以近代各國的立法，便相繼承認勞動者集會結社的權利，和勞動團體締結團體協約的必要。

團體協約，英德兩國發達最速。英國的團體協約，以鋼鐵、紡織、開礦、建築、麥酒等業爲最多。據一九一〇年的統計，英國共有一千六百九十六個團體協約；依協約工作的工人，爲數二百四十萬人。德國自歐戰後，團體協約極爲發達；據一九二一年的統計，全國共有一萬一千四百八十八個，關係機關十九萬七千四百七十六個，關係工人一千二百八十八萬二千八百七十四人。

從個人勞約進至團體勞約，這是勞動契約的大進化。

團體協約的內容

團體協約的意義，據團體協約法第一條的規定：「稱團體協約者，謂雇主或有法人資格之雇主團體與有法人資格之工人團體，以規定勞動關係爲目的所締結之書面契約」。所謂勞動關係，便是雇者與被雇者勞動授受的關係，亦卽雇主與被雇者授受勞動的條件。不過同法第一條補充規定：「左列各款，亦屬本法所稱勞動關係：一、學徒關係；二、一企業內之勞動組織；三、關於職業介紹機關之利用；四、關於勞資糾紛調解機關或仲裁機關之設立或利用」。「團體協約有規定勞動關係以外之事項者，對於其事項，不適用本法之規定」。

如上所述，團體協約的內容，應以勞動關係爲限。不過勞動關係的範圍很廣，何者屬於勞動關係，何者不屬於勞動關係，團體協約法上沒有列舉的規定。那幾種勞動關係可以自由的規定，那幾種勞動關係應受法會的限制，這裏應有研究的必要。茲根據中國現行勞動法規，並參考「上海特別市勞資爭議重要事項處理標準」（十八年十一月十四日由市政府核准施行），規定數項，以供商榷。

一 團體協約得規定雇用工人，限於一定工人團體介紹之團員；但有左列情形之一時，雇主不受限制：

1. 該工人團體解散時；
2. 該工人團體無雇主所需要之專門技術工人時；
3. 該工人團體之團員不足供給或不願應雇時；
4. 雇主雇用學徒或使役時；
5. 雇主雇用爲其管理財務印信或機要文件時；
6. 雇主雇用該工人團體以外之工人，除4.、5.兩款不計外，尙未超過其廠店工人人數十分之二時。

二　團體協約有規定雇主雇用工人應依工人團體所定輪雇工人表之次序者，其規定爲無效。

三　團體協約得規定雇主雇用工人，應由工人團體介紹；但限制雇主之自由去取者，其規定爲無效。

如規定工人團體有介紹權時，應規定由接到雇主通知之日起一星期內之一定時間，尚未介紹工人到工時，雇主得雇用工人團體以外之工人。

四　團體協約中只准規定「開除工會會員工作時，須先通知工會」，不准規定「須得工會同意」及其類似之條文。

五　團體協約中不准規定「經工會開除會籍之工人同時資方亦須開除其工作」及其類似之條文。

六　團體協約得規定雇主於休假日或於原定工作時間外必須工人繼續工作時，其工資應加倍發給，但不得超過二倍；超過二倍者，視爲二倍。

七　團體協約中不准規定廢曆節日及年終年初給假日期。

八　團體協約中不准規定工資定期普加辦法。

增加工資，應依物價指數及資方最近三年內營業狀況爲根據。

九　團體協約中關於分紅問題應依政府法令辦理；倘無法令可依，應依各業習慣酌量辦理。

十　團體協約中只准規定「工會有代表全體會員之權」，不准規定「工會有代表全體工人之權」。

十一　工會會費以工會自收爲原則，如欲請資方代收，須先得其同意，但不得訂入團體契約。

十二　工會不得要求資方津貼經常費；但倘爲舉辦勞工福利事業，於必要時得要求資方酌予補助。

十三　有資方補助之勞工福利事業，以合組委員會共同辦理爲原則；但資方自願放棄權利者，聽之。

十四　團體協約得規定工人團體現任職員因辦理會務得請假之時間；但至多每月平均不得超過三十小時。

十五　團體協約有限制雇主採用新式機器或改良生產或限制雇主買入製成品或加工品之規定者，其規定爲無效。

團體協約法概要

團體協約法全文三十一條，共分五節：第一節，總則；第二節，限制；第三節，效力；第四節，存續期間；第五節，附則。除第二節「限制」已於上節提及，第五節「附則」不甚重要外，約將一、三、四等三節的內容，摘要錄後。

在第一節「總則」中，團體協約法規定團體協約訂立的手續，第一須有各該團體權力機關的委託，第二須經主管官署的認可。團體協約法第三條規定：「勞資團體之代表機關，非依其團體章程之規定或依其團員大會或代表大會之決議，或受其團體全體團員各個所授與特別書面之委任，不得以其團體之名義締結團體契約」。換句話說，同業公會的執行委員會和工會的理事會如須對外締結團體協約，先應依其章程的規定；如章程規定執委會或理事會得以團體名義訂立契約，則執委會或理事會自可依法辦理。否則須經會員大會或代表大會的決議。會員大會或代表大會如果不能召集，則須有全體會員的委託書。第三條補充說：「違反前項規定所締結之團體協約，非得其團體團員大會或代表大會之追認，不發生效力」。關於主管官署的認可，第四條說：「團體協約應由當事人雙方或一方呈請主管官署認可。主管官署發現團體協約有違背法令或與雇主事業之進行不相容，或與工人從來生活標準之維持不相容者，應刪除或修改之」。但是這種修改，並非一成不變，還須徵得雙方的同意。當事人如不同意，可以提起訴願，請求救濟。所以第四條接著說：「如得當事人同意時，得就其刪除或修改後之團體協約爲認可。已認可之團體協約，自認可之翌日起，發生效力」。這種規定，不獨適用於新訂的團體協約，就是舊約的變更或廢止，也應經過這樣的手續。這是國家干涉自由契約的慣例；這種規定是不容反對的。

團體協約既訂之後，如果發現另一有效的團體協約也可適用；這時關於適用的問題，難免發生爭執。團體協約法以爲如果有這種情形，應查效力發生在前的團體協約，有無特別的規定；如其沒有特別的規定，則「先適用職業範圍較小之團體協約；團體協約不屬於職業性質者，先適用地域或人數適用範圍較大之團體協約」。還有，資方的團體協約，當事人如果不止一個，而協約上又無特別的規定，則任何當事人不得單獨和工人團體訂立異於團體協約的特別規定。團體協約發生效力時，應由雇主將該協約揭示於工作場所易見之處；違則處以五十元以下的罰金。法國法律，就是廠規的施行，也須經過揭示的手續。廠規，雖是雇主片面制定的規則，然而也是契約的一種；這種契約，法國工人叫做「俯從的契約」。因為工人對於這種規則，並未表示同意（普通的契約，應以雙方同意為條件），雇主亦未諮詢工人的意見，本來可以不承認。然而依據法院的判例，廠規具有契約的效力，工人不能不遵守；因為這種廠規，雖未徵得工人的同意，然已得到工人的默認。話雖如此，工人心中，究竟不甘，所以廠規引起的風潮，工人輒以「俯從」為藉口。一九〇六年，法國法律規定：工廠規則應由雇主擬定後，掛在門首，並公布於工人書記室，以供工人的研究；俟雙方商議妥當，再請官廳備案；備案照准後，再由雇主懸掛工場，定期施行。現在上海各廠的廠規，也須經過主管官署核准之後，方生效力。這也含有國家干涉的作用。

在第三節「效力」中，團體協約規定：「團體協約所定勞動條件，當然為該團體協約所屬雇主及工人間所訂勞動契約之內容。如勞動契約有異於該團體協約所定之勞動條件者，其相異之部分無效。無效之部分，以團體協約之規定代之。但異於團體協約之規定為團體協約所容許，或為工人之利益而變更勞動條件而該團體協約並無明文禁止者，為有效」。又第二十一條說：「團體協約當事團體對於違反團體協約之規定者，無論其爲團體或個人，爲本團體之團員或他團體之團員，均得以團體名義，請求損害賠償。」團員在團體協約上的法益被對方損害時，當事團體可以代他提起訴訟；團員若爲被告時，當事團體也得隨時參加訴訟。

在第四節「存續時期」中，團體協約法有一個重要的規定；其第二十八條說：「團體協約訂立時之經濟界情形，於訂立後有重大變更，如維持該團體協約有與雇主事業之進行或與原來工人生活標準之維持不相容，或依團體協約當事人之行爲無達到當初目的之希望時，主管官署因團體協約當事人一方之聲請，得廢止團體協約」。又第二十九條規定：「團體協約之廢止，縱有反對之約定，仍對於該團體團員全體發生效力」。這種規定，容易發生流弊，我們希望各地的主管官署站在民生主義的立場上，愼重將事！

(附載一) 團體協約法

總　則

第 一 條　稱團體協約者，謂雇主或有法人資格之雇主團體與有法人資格之工人團體，以規定勞動關係為目的所締結之書面契約。

左列各款，亦屬本法所稱勞動關係：

一　學徒關係；

二　一企業內之勞動組織；

三　關於職業介紹機關之利用；

四　關於勞資糾紛調解機關或仲裁機關之設立或利用。

第二條　團體協約有規定勞動關係以外之事項者，對於其事項，不適用本法之規定。

第三條　勞資團體之代表機關，非依其團體章程之規定或依其團員大會或代表大會之決議，或受其團體全體團員各個所授與特別書面之委任，不得以其團體之名義締結團體協約。

違反前項規定所締結之團體協約，非得其團體團員大會或代表大會之追認，不發生效力。

第四條　團體協約應由當事人雙方或一方呈請主管官署認可。主管官署發現團體協約有違背法令或與雇主事業之進行不相容，或與工人從來生活標準之維持不相容者，應刪除或修改之。如得當事人同意時，得就其刪除或修改後之團體協約為認可。已認可之團體協約，自認可之翌日起，發生效力。

第五條　前項之規定，於團體協約之變更或廢止準用之。
勞動關係於有二個以上之團體協約可以適用時，其效力發生在前之團體協約無特別規定者，先適用職業範圍較小之團體協約。團體協約不屬於職業性質者，先適用地域或人數適用範圍較大之團體協約。
第六條　資方之團體協約，當事人爲多數時，如無特別之規定，其各當事人不得單獨與一般工人團體爲異於團體協約之特別規定。
團體協約當事人除前項規定外，各自獨立取得權利，負擔義務。

第七條　雇主受團體協約之拘束者，應將團體協約於工作場所易見之處揭示之。
違反前項規定者，得處以五十元以下之罰鍰。

限制

第八條　團體協約得規定，雇主雇用工人，限於一定工人團體之團員；但有左列情形之一時，雇主不受限制：
甲　該工人團體解散時；
乙　該工人團體無雇主所需要之專門技術工人時；
丙　該工人團體之團員不足供給或不願應雇時；

丁 雇主雇用學徒或使役時；

戊 雇主雇用爲其管理財務印信或機要文件者時；

己 雇主雇用該工人團體以外之工人，除丁戊兩款不計外。尙未超過其廠店工人人數十分之二時。

第九條 團體協約有規定雇主雇用工人應依工人團體所定輪雇工人表之次序者，其規定爲無效。

第十條 團體協約得規定雇主雇用工人，應由工人團體介紹；但限制雇主之自由去取者，其規定爲無效。

如規定工人團體有介紹權時，應規定由接到雇主通知之日起一星期內之一定時間，尙未介紹工人到工時，雇主得雇用工人團體以外之人。

第十一條 團體協約得規定雇主於休假日或於原定工作時間外，必須工人工作或繼續工作時，其工資應加成或加倍發給；但不得超過二倍。超過二倍者視爲二倍。

第十二條 團體協約得規定工人團體現任職員因辦理會務得請假之時間；但至多每月平均不得超過三十小時。

第十三條 團體協約有限制雇主採用新式機器或改良生產或限制雇主買入製成品或加工品之規定者，其規定爲無效。

效力

第十四條　團體協約如無特別限制，左列各款之雇主及工人，均爲團體協約關係人，應遵守團體協約所規定之勞動條件：

一　爲團體協約當事人之雇主；

二　屬於團體協約當事人團體之雇主及工人，或於團體協約訂立時或訂立後加入該團體之雇主及工人。

對於團體協約訂立後始爲關係人者，除該團體協約另有規定外，其關於勞動條件之規定，自取得團體協約關係人資格之日起適用之

第十五條　前條第一項各款所列團體協約關係人所屬關係，於該團體協約終止時終了。團體協約訂立後，由協約當事人團體退出之雇主或工人之所屬關係，亦同。

第十六條　團體協約所定勞動條件，當然爲該團體協約所屬雇主及工人間所訂勞動契約之內容。如勞動契約有異於該團體協約所定之勞動條件者，其相異之部分無效。無效之部分，以團體協約之規定代之。但異於團體協約之規定，爲該團體協約所容許，或爲工人之利益變更勞動條件，而該團體協約並無明文禁止者，爲有效。

第十七條　團體協約已屆期滿，新團體協約尚未訂立時，於勞動契約另爲約定時，原團體協約

第十八條　關於勞動條件之規定，仍繼續爲該團體協約關係人之勞動契約之內容。

團體協約關係人，如於其勞動契約存續期間拋棄其由團體協約所得勞動契約上之權利，其拋棄爲無效。但於勞動契約終了後三個月內仍不行使其權利者，不得復行使之。團體協約所屬之雇主，因工人經待其由於團體協約所生之權利，或基於團體協約之勞動契約所生之權利而終止勞動契約者，其終止爲無效。

第十九條　團體協約關係人，違反團體協約中不屬於勞動條件之規定時，除該團體協約另有規定外，法院因利害關係之雇主或團體協約當事人一方之聲請，得科雇主五百元以下工人五十元以下之罰金。

前項罰金，應使用於爲工人之福利事業。

第二十條　團體協約當事人及其權利承繼人，對於妨害團體協約之存在或其各個規定之存在之一切鬥爭手段，不得採用。

團體協約當事團體，對於其所屬團員，有使其不爲前項鬥爭，並使其不違反團體協約之規定之義務。

團體協約得約定，當事人一方不履行團體協約所定之義務時，對於他方應給付代替損害賠償之一定償金。

關於團體協約之履行，除本法有特別規定外，適用民法之規定。

第二十一條　團體協約當事人團體對於違反團體協約之規定者，無論其爲團體或個人，爲本團體之團員，或他團體之團員，均得以團體名義，請求損害賠償。

第二十二條　團體協約當事人團體無須特別之委任，得爲其團員提起團體協約上一切之訴訟，以先通知本人而本人不表示反對時爲限。

關於團體協約上之訴訟，團體協約當事人團體之團員爲被告人時，其團體亦得隨時參加訴訟。

存續期間

第二十三條　團體協約得以定期不定期，或完成一定之工作爲期訂立之。

第二十四條　團體協約爲不定期者，其當事人之一方於團體協約訂立一年後，得隨時終止團體協約；但應於三個月前以書面通知他方當事人。

團體協約所規定之通知期間較前項規定期間爲長者，依其規定。

第二十五條　團體協約爲定期者，其期限不得超過三年；超過三年者，視爲三年。

第二十六條　團體協約以一定工作之完成爲期限者，其工作於三年內尚未完成時，視爲以三年期限訂立之團體協約。

第二十七條　團體協約當事人團體在團體協約之權利義務，除團體協約當事人另有約定外，因團體之合併或分立移轉於因合併或分立而成立之團體。團體協約當事人團體解散時，其團體所屬各員在團體協約上之權利義務，不因其團體之解散而變其效力。但不定期之團體協約，於解散後經過通知期間，失其效力。

第二十八條　團體協約訂立時之經濟界情形，於訂立後有重大變更，如維持該團體協約有與雇主事業之進行或與原來工人生活標準之維持不相容，或依團體協約當事人之行爲致無達到當初目的之希望時，主管官署因團體協約當事人一方之聲請，得廢止團體協約。

第二十九條　團體協約之廢止，縱有反對之約定，仍對於該團體團員全體發生效力。

附　則

第　三　十　條　團體協約在本法施行前訂立者，自本法施行之日起，適用本法。

第三十一條　本法施行日期以命令定之。

（附載二）上海華洋印刷業團體協約

第一條　資方承認工會有代表上海特別市華洋印刷工會會員之權。

第二條　資方雇用工友，儘先錄用工會會員。其未加入工會之工友，勞資雙方應各勸導其加入工會；惟經協理及職員不在此例。至資方未加入商民協會改組後之團體者，工會亦須通知各該資方一致加入。

第三條　每日工作規定九小時，夜工以二小時三刻爲半工，以五小時爲一工；但夜工每星期不得超過四次，遇有夜工工作時，工友無故不得違抗。

第四條　資方無故不得開除工友，如營業清淡或有特殊情形裁減工人時，須先呈報主管機關核准方可。工友因故開除時，得由資方報告商民協會轉知工會。

第五條　資方添雇工友時，應酌量容納工會失業會員，由工會擇優介紹。至於招收學徒，須依照政府機關頒布之法令辦理之。

第六條　星期日及華洋印刷工會紀念日（卽五月二十日），應各休息一天。舊曆年節，一律廢除。國曆年假及其他之紀念日，依照政府機關命令辦理之。以上休息時間，工資

第七條　照給。如遇在休息日工作者，工資應加給一工半，工友非有重要事故，不得違抗。

第八條　給付工資如遇零星數目時，應照大洋計算，不得尅扣及遲付。

資方須按月津貼工友每人膳宿費洋七元五角；如米價漲至二十元以上者，須再加米貼洋五角，如米價降落至二十元以下者，仍減去洋五角。資方供給膳宿須均依照以上之津貼金額供給之。工頭學徒，一律平等待遇。

第九條　工友如遇婚（本人）喪（父母及妻）事故，得給假外埠二十天，本埠十天，工資照給；如超過規定日期，工資照扣。

第十條　工友服務期間，如患疾病，以兩個月爲限，工資照給；藥費由資方酌量補助之，但以藥方爲憑。（花柳病及肺癆病不在此例）

第十一條　工人確係因公傷亡或殘廢者，資方應酌量撫卹之。

第十二條　工會如有緊急會議，各店工人須派代表參加者，以四小時爲限，不得扣除工資；但須工會正式通告資方，每店參加之代表，至多不得超過三人。

第十三條　學徒進店，第一年津貼洋二十元，第二足年津貼洋二十四元，第三足年津貼洋三十六元。三年滿師後，最低限度工資，每人按月至少以六元爲度。

第十四條　非涉店中事務，不得使學徒代做。

第十五條　未滿十六歲之學徒，遇有危險性之機器事件及重大工作者，須由各部工頭主持之。

第十六條　工資十元以下者加三元，十一元及十一元以上者一律加二元，按月發薪概照國曆。每月至少須發給工資兩次，（凡工友已進店工作滿八個月者，依照上項數目加薪，滿四個月者減半）以後加薪辦法，應照政府機關頒布之法令辦理。

第十七條　凡工友工作在八個月以上者，各店年終須給雙俸一個月，已在店工作四個月者，給半數；如資方營業清淡，確係虧本者，由勞資雙方調查屬實，得減半給之。

第十八條　凡工友準時到店工作不誤鐘點者，月終時得另給工資一天，以簽到簿爲憑。如誤鐘點在十五分鐘以內者，無此權利；如誤鐘點按月超過六次或誤鐘點至十五分以上者，每次工資照扣，或依照本市工友服務規則辦理之。

第十九條　廢除包工制，短工工友以三個月爲限（書版業不在此例）。

第二十條　本條件除第十六條外自簽訂之日起實行。

附則

一　本條件加薪辦法，須俟舊條件加薪滿年後，方可實行。例如民國十七年十一月或十二月已照舊條件增加者，應於民國十八年十一月或十二月起，依照新條件增加，餘類推。惟湊足之一年以至十九年年底爲限。如至十九年年底而仍不滿一年者，亦作已滿一年論。如有已滿一年而未依照本條件所規定之數目照加者須自應加之日起一律補給之。

二　除以上規定之休息日期，病假及重要事假（指第九條規定之婚喪事故）之外，如有告假，工資照扣；每年告假至二個月者，不得享受雙俸之利益（如告假有替工遞補工作者不在此例）。

如不告假而擅自停工者，得依照政府機關頒布之法令辦理之。

三　本條件簽訂後，所有雙方會員間私訂之待遇條件，概行廢止。

四　本條件於商民協會改組後，凡原加入商民協會之資方，應繼續履行。

老問題新想法

——臺北增補第九篇

工人苦！誰扶助？唯有靠政府

我願君王心，化作光明燭；
不照綺羅筵，但照逃亡屋！

——聶夷中

三年半前，我到美國胡佛圖書館去看張公權先生，遇見該館主任董太太，她說它藏有我早年幾本著作，並即領我去看。我發現我四十八年前出版而多年來所夢寐以求的那本《中國勞動法的理論和實務》，也在其中。最近小女把它全部複印寄來。溫讀之下，我深感那時當政當局甚至工商業者對工人生活、工會組織和勞資關係的重視，較諸今日，只有過之而無不及。現在新政府快將成立，政務必要興革，錦上添花固有必要，雪中送炭，尤不可少，特寫所感，敬作芹曝之獻，並以紀念五一勞動節。

一

所謂「工人苦」，第一是工資太低。隨便翻閱最近一天報紙的小廣告，新力電子公司徵求男女作業員的月薪是三千六百五十元，一切津貼都包括在內，「上班時間是八點至十七點」，合計九小時。半年前我去參觀高雄加工出口區，獲悉它的平均工資是三千三百餘元，據說有人還不到三千元。

如果與工廠老闆相比較，他們二者在生活、權益和所獲於政府的照顧，就有天淵之隔，於是工人之苦顯得更突出了。

我國農人本來是最苦的。「二月賣新絲，五月糶新穀；醫得眼前瘡，剜卻心頭肉」（白居易）。十餘年前臺灣可能還有這種狀況，感謝國家的深仁厚澤，農人已經有福了。但是工人仍很可憐，他們出賣勞力，不獨不能預支工資，且須預付勞力。

而且現在農產品多有保證價格，穀賤不愁傷農。工人的工資，法律也訂有最低保障，可是他們的最低工資，經過十年沒有調增，現在仍是十年前的每月六百元！這是桎梏！那是保障！

二

工資雖少，然通常多有妻兒幫助，一家尚可溫飽，但患病就感拮据，於是乃有勞工保險，而且在疾病、傷害和殘廢保險外，生育、失業、老年和死亡保險也包括在內。昨日行政院修正勞保條例，對工人有更多照顧。但是勞保的缺點和弊病，眞所謂更僕難數。我在脫離監察院前，曾在一個提案中提出問題九十個請求調查和改善。鑒於臺灣省議會最近的熱烈質詢和批評，可見「病況」相當嚴重和複雜。例如投保人數和工人工資，工廠以多報少，防不勝防。又如勞保沒有像公保那樣的門診中心，而對指定的勞保醫院和診所，勞保局監督不力，醫療水準和設備也多不夠標準。

但工人所最苦悶的，乃是他們不能掌握自己的命運。在理論上，他們應該有這權利，甚至權力，在典章制度上他們也有這樣的設施和機會。例如他們可以組織工會，自求多福。他們可以推選同數代表與廠方合組工廠會議解決勞資問題。他們可用集體力量與廠方締結團體協約，規定勞動條件，免受廠方各個擊破。如有勞資爭議，他們可推與廠方同數的代表會同主管官署從事調解，不成，則會同主管官署和地方法院予以仲裁。他們與廠方是處於同等和平等的地位，於是所謂保障可望落實。

但因現當戡亂時期，多少良法美意不免被打折扣。請加說明。

三

以組織工會而論，目前僅有百分之二十的工人有工會組織。其餘百分之八十仍是一盤散沙。面對有財有勢有權有力的雇主，他們顯然孤立無援。而多數廠方都不喜歡工會，甚至多方破壞。我曾在監察院受理兩案，一是警察把一個熱心工會組織的工人以與人互毆爲由作爲流氓移送外島，另一案是以在家賭博爲由也送外島，兩廠廠主樂得哈哈大笑，而工會也就無疾而終了。

工廠會議是由工廠代表和全部工人選舉同數代表所組織，研究工作效率的增進，改善工廠與工人的關係並調解雙方的糾紛，協助團體協約和工廠規則的實行，改進安全和衞生的設備，建議工廠的改良，以爲籌劃工人福利事項。可是廠方總是不願有這組織，所以爲數很少。

工人以團體與廠方交涉勞動條件，較以個人自必有利。但廠方多不喜歡以團體作爲交涉對手，結果只好代以個人契約，而它乃是廠方單方面的「命令」，工人沒有還價的餘地。「姜太公釣魚，願者上鈎」，而政府又不肯干涉，他人也就愛莫能助了。

臺灣的勞資糾紛，可以說少得出奇。例如在民國六十四年共有工會會員七十六萬人，勞資糾紛卻僅四百五十八件。勞資融洽，自是美事。但在工人方面未始不是由於「無可奈何花落去」，於是勞資爭議處理法的調解制度和仲裁制度也就無可奈何了！

四

足見工人不能靠這些典章制度自力保護，自求多福。於是政府的責任乃特別重大和重要。本這動機，敬向當局條陳四事：

一、三民主義的經濟社會政策，應該是：「在發展產業的立場上保護勞工，在保護勞工的立場上發展產業。」而在保護勞工的課題上，內政部的意見應較經濟部的意見更受重視。

二、工人的最低工資猶如農產品的保證價格，應該繼續維持，並須適時調整。但是現在的六百元如果不能增加爲三千元，則我以爲不如明令廢止，讓勞動市場依供求法則去自尋水準。

三、蔣院長在六十二年勞動節前夕，指示內政部依據「保障勞工利益，改善勞工生活」的前提擬訂實施辦法，旋經行政院會議通過辦法十六條。有的已經實現，那些沒有實施的，應請加以檢討，限期完成。

四、規定勞動條件，包括勞動契約、工資、工作時間、休息、童工、女工、退休、災害補償、工作規則和監督檢查等勞動待遇的勞動基準法草案，標準本嫌過低，但討論再討論，審查復審查，迄今猶未定稿。它與最低工資調整問題的一拖七、八年，勞保條例修正稿一拖三、四年，可以稱得上是三位難兄難弟。現在勞保條例修正案經過蔣院長催生，已經呱呱墮地，希望勞動基準法也能早日誕生。

五

悲天憫人，濟弱扶傾，社會正義，政治公道，不獨是人道主義的要求，也是政治利害的課題，今後必須格外重視！

六十七年勞動節前四日　臺北

爲新勞工法催生

關於勞工法問題經王委員澍霖於內政、經濟兩委員會討論有關各案時提出意見，本工業保護措施調查研究小組開會討論高雄加工區管理處核准臺灣理研電氣公司設廠製造外銷聖誕燈串案時，王委員又經提請調查研究。爰經本小組會議決議請陶委員百川張委員一中調查高雄加工出口區案時，一併調查研究。當經委員等先後向內政部及行政院查詢，並蒐集有關資料，玆將調查研究所得報告如次：

勞工法規亟待通盤調整

現行勞工法規，多達一百餘種，且爲三十年來陸續制定，重複牴觸，既所難免，而於時代需要尤難兼顧。

內政部奉令修訂勞工法規，經成立勞工法規編譯委員會及勞工法規委員會，分別從事資料之蒐集及研討修訂等工作。

勞工法規編譯委員會，經聘請委員十人，分別擔任英、美、法、德、日各種資料之譯述及編輯，以便參考。計編印《中華民國勞工法令彙編》一册，將原有各種勞工法規及歷年來之有關解釋，先行整理。輯印《各方對現行勞工法規修訂意見》一册，以爲修訂時研討之依據，另譯各主要國家勞工法規六種，以資借鏡。

勞工法規委員會，經聘請委員四十五人，依立法性質分爲八組，綜合討論，決定綱要，根據綱要分組討論章節條文，各組討論結果，再行綜合整理，歷時二年，集會一百六十餘次，產生勞工法草案，全稿計十編，五十四章，五百二十五條，各編內容及增訂重點簡述如次：

一總則編　確定勞工法適用範圍，並將主要名詞含義予以統一規定，以免歧異。

二勞動基準編　釐訂最低勞動條件，以保護勞工生活。

三工會組織編　確定工會組織系統，健全勞工組織，新訂工會以業別組織爲基礎。

四勞資關係編　以契約決定勞資關係，維繫勞資關係之正常，增訂勞資會議規定，以促進勞資合作。

五勞工保險編　爲確保受雇勞工，在生、老、病、死、災害、失業期間，均能維持其本人及其眷屬之收入，經增列失業保險條文。

六勞工福利編　在工作場所內應有衣食住行育樂之設備，以提高工作情緒，改訂福利金提撥標準爲按照職工薪給提撥百分之三至百分之五。

七勞工教育編　提高現職勞工教育水準，訓練其新的工作方法與技能，以提高工作效率，並加強技藝教育。

八勞工就業與人力調節編　掌握全國勞力質量分配，動態，靜態，並輔導訓練調配，達到充分就業，適應國防民生需要，繁榮社會經濟。

九勞工檢查編　督導推行勞工檢查，依據結果，以謀改進。

十附則編。

行政院將內政部所擬勞工法草案交據財政部、經濟部、交通部、教育部、司法行政部、前美援運用委員會、行政院主計處及臺灣省政府分別議復後，於五十二年四月間，將各機關議復意見，飭由內政部參照將原草案詳加修正，並將應予隨同廢止之法律一併報核。

內政部經將各機關意見，連同國際勞工局及其專家所提建議，彙列，並提出內政部意見後，再邀請有關機關代表集合三十餘次，對原草案重加檢討，再予整理，完成勞工法草案修訂案，於五十七年六月間呈復行政院。

勞工法草案修訂案中，分爲一、總則，二、勞動基準，三、工會組織，四、勞資關係，五、勞工福利，六、勞工教育，七、勞工檢查，八、附則共八編。原草案中第五編「勞工保險」已仿照各國規定，採用單獨立法，即現行之「勞工保險條例」，第八編「勞工就業與人力調節」因適用對象廣泛，且內容牽涉甚廣，亦採單獨立法，應爲「就業安全法草案」正審訂中。

至擬廢止之法規約計三十五種。

現尚在行政院審查中。（中略）

調查研究意見

一、勞工立法之目的，在保障勞工之合理生活與社會地位，以促進經濟社會之發展與繁榮，故勞工法規必須適時加以修訂，方足以適應當前經濟社會之新情勢與新需要。

二、我國現行勞工法規，如工廠法及其施行條例，工廠檢查法，最低工資法，勞工契約法，勞資爭議處理法等，均係前國民政府時期所訂頒，其他有關法規亦多訂頒已久，不能適應現階段之經濟社會需要，歷年先後制定條例、辦法、細則、標準、規則及須知等多種，其中重複及牴觸者亦多，易滋紛擾，亟應迅行修訂簡化。

三、政府正在修訂中之新勞工法草案，迄今已逾十年尚未完工，即就內政部五十七年六月呈送行政院之「勞工法草案（修正案）」而言，行政院亦已審查歷時三年之久，尚未定案，亟應加緊辦理，限期完成，不應再拖。

以上意見，擬請交由內政經濟兩委員會討論後由院函行政院注意改善。

陶百川　張一中　六十年十一月

工廠最低工資亟須調整

提案

國家規定工人之最低工資，不僅爲保障其生活，亦所以維持生產效率，並促進財富分配之合理化。但其標準如果過低，則不僅不能達到上項目的，且足發生多種弊害。查本省現行最低工資每月尚僅六百元，五十六年規定時已嫌偏低，現在更感不足，自須卽予調整。否則不如根本廢除此一標準，俾讓勞動市場之供求法則自行發揮調整作用。是否有當，用特提請討論。

提案委員陶百川　六十年二月十日

說明

主席、各位同仁：我對本案可以說有兩個階段有著不同的心情。最初在我寫本案的時候，心情非常沉重，但是本案提到院裏的時候，我又覺得非常輕鬆。我想這是一個相當重要的案子，而見仁見智也許大家的意見不盡相同，我既沒有時間寫出詳細的書面理由，現在趁這機會加以口頭補充。

原來我注意勞工問題已經幾十年了。以最低工資而論，至今政府規定尙僅六百元，在我印象中，這是民國五十七年三月政府所公布的，更早以前只有四百五十元。在民國五十六年，我覺得那個最低工資，與實際生活需要距離太遠，曾以個人關係致函有關當局，如內政部和中央黨部等呼籲調整。最初當局的反應很不以爲然，據說因爲我們要鼓勵外人來投資，是以人工低廉爲重要條件，提高最低工資，足以減少外人前來投資的興趣，而且雖然政府規定最低工資是四百五十元，但有很多工廠的工資，早已超過，所以不必再提高。但是後來終於決定由四百五十元調整到六百元。以當(五十六)年的生活水準，我已經覺得過低。後來在五十六年夏季，我有機會參觀一部分工廠，發現許多工廠並未實行最低工資制，甚至在政府直接管理監督下的加工出口區工廠，也有很多工人沒有得到最低工資的待遇。我因此向院會提出一個調查勞動待遇案，後經決定推陳委員翰珍和郭委員學禮兩位調查，根據他們兩位所提調查報告，本院提出一個糾正案，中有一點關於最低工資，認爲六百元最低工資已經過低，乃有許多工廠猶未能照規定發放。政府後來答復說要注意改善。

到了去年七月，報載幾位省議員提請政府提高最低工資。我在七月七日以個人身分函詢內政部長是否準備調整最低工資。據復政府已經組成工資審議委員會，正在考慮這一問題。但我聽說政府有關方面研究結果，恐怕調整工資會引起物價波動，因而暫時擱置下來。這才促成我提出本案。

因恐本案與政府現在的想法可能不大相同，所以我寫案時的心情很沉重。但到前天我看見報上用很大標題報導說，中央黨部張秘書長曾去視察農村生活，並轉達總裁對農民生活的關懷，要政府提出改進農業政策和改善農民生活的方案。從當局對農民生活的關切，可知他們對工人的低待遇也會予以同情和改善。因此我的心境也就輕鬆起來了。

最近我看到《自由中國工業》有一篇專論：〈最低工資與工資政策〉，說政府在民國二十五年曾依工廠法第二十條規定：「政府最低工資之規定，應以各廠所在地之工人生活狀況爲標準」，訂定實施辦法，規定最低工資是以維持工人本身和兩個無工作能力的家屬共三人的合理生活爲標準。假使照這標準。則五十七年的最低工資，應該是一千八百七十六元。這當然太高了。但是六百元卽使用以維持一個人的合理生活，當然也太少了。

現在假使提高最低工資，而怕影響物價或刺激工資，不敢決定，則我倒有一個退步而不長進的辦法，就是廢除最低工資制，讓工人和工廠當局視勞動供求情形自由協調。因爲假使訂下了六百元而永遠不動，則廠方可以此爲盾牌反對增加，工人將視此爲桎梏而不能要求增加，這就大大違背了訂定最低工資的精神！所以不如根本廢除這個制度。這話說得有點憤激，我想政府是不能這樣做的，那就非酌量提高不可了。

六十年二月十七日

第二次發言（在內政、經濟二委員會聯席會議）

我提最低工資調整案，不是無病呻吟，而是有重大意義的。提案已提到人道的意義，經濟的意義和社會的意義。何以說是人道的？因爲六百元的工資已經不能維持合理的生活，再不調整，有違人道。何以說是經濟的？因爲工人不能過合理的生活，何能維持工作和生產的效率！何以說是社會的？因爲工人所得太少，不獨財富分配違反公道和正義，且將引起不均、不平和不安。

現在我再略說政治的意義。這在我是老早想到的，但我覺得不宜明言。日來聽到有關方面批評我這提案，說恐引起政治糾紛。我的看法正好相反。我恐最低工資老不調整，將使不逞之徒有所藉口，有所利用。做駝鳥是逃不過獵人的視線的。我們只有加以改進，釜底抽薪，方可止沸。我正爲著杜防政治糾紛而提本案。

這是一種德政，但我不想向工人示恩或邀功。所以在去年七月七日，聽到省議會有要求提高最低工資的呼聲，我就寫信給主管部的徐部長，請他注意。八月四日接到他的覆信，說：「本年七月七日惠函暨附件均敬悉，關於基本工資之調整，現正由本部會同有關方面組織基本工資審議委員會積極審議中，一俟定案後，即可報請行政院核定實施，所送附件，留供參考，承蒙關切，深表謝意」。政府既在處理，我就不必提案。

後來聽說政府有關方面幾經檢討，看來不想調整。於是我不得不提案加以督促。余豈好提案哉！

二月二十四日補註：這次院會期間，我本來還有一個提案，呼籲將肥料價格再行降低，以嘉惠農民，促進農產。因爲去年雖已大減一次，但以尿素爲例，我國賣給越南的價格早已降爲每噸四十六美元，出廠價也僅九十五美元，但賣給國內農民則現在仍高達一百四十五美元，這是非改進不可的。後因聽說政府也正考慮減價，我乃臨時抽回，把那個案子送請一位朋友轉送有關方面參考。我對那位朋友聲明：如果政府將來遲不處理，我還是要提出來督促的。

第三次發言（地點同前）

我的提案不像各位所說的那樣複雜。因爲它只指工廠工人的最低工資（現在仍僅六百元），不是指什麼「下女」的或木工的工資，也不是指工廠中的高工資。政府對它們既不管制，當然也不必干涉或調整。但對最低工資，政府既已管了多年，我們自當要求政府管下去。不管也可以，但請明白予以廢止，好讓工人與廠方自己去協調（這不是我的本意）。但總不要「虎頭蛇尾」。

而且各位說到「下女」和多數工人的工資如何如何的高，這正好代我說明，六百元的工資是非提高不可了。

各位又說，農村的勞力已經在減少，提高了最低工資將使農人更集中於都市。但我們應知過去或現在農村留不住勞動力，原因絕對不是最低工資已經是六百元。它的主要原因，是農產品成本太高（例如上述肥料），而售價又不准上漲（例如米，甚至蔬菜）。政府近已注意，正謀改善。這也可說明工人的最低生活和最低工資也非請政府注意和調整不可了。

六十年二月二十四日整理文字

研究報告

接內政經濟兩委員會監臺內政卄三字第七〇四號函「爲院會交議關於國家規定工人之最低工資偏低，須卽予調整一案。經決議推陳翰珍、孫式菴、熊在渭、張一中、酆景福、陶百川、郭學禮七委員先行研究後再議，由陳委員翰珍召集」等由，玆將研究意見列下：

查現有工廠工人之最低工資，應如何合理調整，業已討論頗久。主管勞工行政機關主張應予提高，但主管經濟事業機關，則認爲我國工業之能吸引外來投資，出口貿易之能蓬勃發展，勞力供應充沛，工資低廉，實爲重要因素，對於提高工資之議，於是力持愼重。查工資爲構成生產之主要成本，提高工資，直接增加成本，間接減少利潤，於雇主自有不利之處。但工人生活尤爲重要，如工資過低，對工作必採消極態度，勢必減少勞力來源，影響生產效率，降低產品品質，對雇主亦屬不利，於社會尤有妨害。故政府應在不損害雇主合法利潤，亦不忽視勞工合理生活之情況下，訂定工資合理標準。臺灣地區現行勞工最低工資，自民國五十六年三月十六日調整爲每月六百元後，迄未增加，殊不足以維持最低生活。擬由本院函請行政院迅予注意改善見復。

陳翰珍　陶百川　郭學禮　酆景福　張一中　熊在渭

六十二年三月附註：據覆最近尚不能提高。

勞工保險改進問題九十個

近來各報刊（例如《中央日報》、《國語日報》、《自立晚報》及《中國勞工》半月刊等）紛紛指出勞工保險亟須改進。玆特參考各種資料，彙編有關問題九十個，擬請派員調查，共圖改善。敬請討論。

九十個問題有如左列：

一、勞保人數在勞工總數中佔百分之幾？與應保險而不保險者之比例如何？勞保局將如何強制雇主爲其保險？

二、「勞保爭議事項審議辦法」，迄未公布，原因何在？

三、勞保局可否如公保之設立門診中心？

四、在嘉義有一大公司，涉嫌投保人數以多報少，逃避保險費，勞保局前往調查時，拒絕提出勞工名冊，可否予以處罰？

五、現制雇主負擔百分之八十的保險費是否過重？以致雇主因而拒保或以多報少，則吃虧者仍爲勞工。是否以酌減爲宜？

六、「因公災害」應屬意外險範疇，而意外險的保費可否規定全部強制由雇主負擔？如此，礦場廠主卽能自動加強礦場安全設施，有效預防煤礦災害事件之發生，否則礦主卽須揹負龐大的意外保險費。

七、勞保節餘「應取之於勞工，用之於勞工」，目前旣有十億元節餘，可否儘速降低投保費率或增加給付標準，以增加勞工福利？

八、目前勞工前往各勞保指定醫院求診須繳二元掛號費，勞保局可否取消掛號費，以減輕勞工負擔？

九、勞保治療目前均不給據，可否規定各勞保指定醫療院所應將各種費用開據交給病人帶回，繳由投保單位轉送勞保局核對，以免各醫院在申請勞保給付醫療費用時，發生弊端？

十、勞保條例第三十一條：「同一種類之保險給付，不得因同一事故而重複領取」。此一規定，不無問題。例如兄弟兩人同爲被保險人，父母死亡，依上開條文規定，只能由兄弟兩人中任何一人請領給付。而兄弟兩人同時請領時，卽認爲「重複」。兄弟兩人同領死亡給付，對保險人並非額外賠償，所以可否在「不得」之上加「同一被保險人」六字？

十一、可否擴大實施對象，凡雇用勞工五人以上的單位皆應爲勞工辦理投保？

十二、勞工投保年資可否不因停保而否定？現行勞保條例第十五條後段可否刪除？或者可否將保留年資由二年延爲五年？

十三、職業工人投保既由團體出具證明，可否不再繳戶籍謄本？

十四、海員之僱傭期常爲一或二年，亦卽常有無一定雇主之時期，因此可否增列「無一定雇主之船員由海員總工會代辦投保」？

十五、勞保局限制工會會員需有三分之二之申請者始准辦理加保，可否修改爲「工會隨時爲會員辦理申請加保」？

十六、勞保條例第十三條規定，加保退保以到離職當日辦理申請，次日生效，電信員工分散各地，轉輾申報常須五日左右，可否請比照公保，改爲當日起保，可否修改爲「工會隨時爲會員辦理申請加保」？

十七、職業工人爲有工會組織之勞工，公司行號爲無工會組織之店員，如何防止店東拒爲店員保險？

十八、勞保局規定職業工人改由服務單位投保，設如其取消工會投保而由甲店投保，數月後改至乙店工作，但乙店員工不足十人，依法不能投保，則此工人之投保年資卽喪失，應如何迅予補救？

十九、一般職業工人與店員不同，應由工會辦理投保，已由工會辦理投保者，可否不令退出而改由僱主投保？

二十、被保險人升任廠長副廠長或人事主管時可否仍准繼續投保？

二十一、勞工升為職員，改投公保，致喪失多年來之勞保年資，可否請准繼續兼投勞保，或發還若干保費？

二十二、商店店員請免參加勞保，原因何在？

二十三、公司行號員工投保，可否改憑工會會員辦理？

二十四、無一定雇主之職業工人，保費可否由政府補助百分之五十？

二十五、雇主未繳保費致保險人暫行拒絕給付而生之損害，勞保條例規定由雇主負責賠償，可否改為「由勞保局查明後先行給付，再向投保單位依法訴追」？

二十六、現行投保工資已改為二十二級，最高為三、三六〇元，如何防止雇主以多報少？

二十七、無一定雇主之工人投保工資限為一至三級，最高僅七八〇元，與事實不符，可否予以提高等級及金額？

二十八、現行單一保險費率，對廠礦以外之勞工實欠公允，應如何補救？

二十九、勞保條例第四十一條規定，產前二年內已繳保費十個月者始可領生育給付，可否刪除，或改為已繳二八〇天即可領取？

三十、被保險人配偶生育補助費可否增為四十五天或一個月？

三十一、被保險人生育除生育給付外，可否增發生育、哺育費？

三十二、勞保條例規定，普通傷害補助費自負傷第四日起發給，可否改為自當日發給？補助費可否提高爲百分之七十？

三十三、職業傷害補助費可否提高爲十足發給？並且自第七月起按百分之七十給付？

三十四、勞保條例第四十四條規定，被保險人因公傷不能工作，以致未能取得原有報酬者，發給補償費，可否刪除「以致未能取得原有報酬」字樣？亦卽不問其是否取得報酬，勞保局均應給予補償費。

三十五、傷害給付期限可否增至二年？

三十六、被保險人非乘坐單位交通車者上下班時遇意外事故，可否視爲執行職務而傷害（修改現行「因執行職務而致傷害審查準則」）？

三十七、可否比照公保，緊急救治醫藥費用准由患者檢據及合法證明，向勞保局申請償還？

三十八、矽肺症第三症度者，可否給予職業傷害給付？

三十九、勞保條例第五十五條規定，「疾病給付不包括法定傳染病、結核病、痲瘋病、痲醉藥品嗜好症」等，可否刪除上述字樣？

四十、普通傷病住院診療須已繳保費三個月之規定可否刪除？

四十一、可否在勞保條例六十條增加「但醫院未備藥品，經醫師處方自行購買者，得檢具處方及發票請勞保局給付」？

四十二、勞保條例施行細則規定診療項目包括檢驗、會診、處置手術或其他治療，但醫院往往不予辦理檢驗，怕被勞保局扣發檢驗費用，可否在勞保條例第五十二條加以列載，以貫徹其涵意？

四十三、可否修改勞保條例細則第一三八條，診療審查委員會改由政府、醫院、勞方、資方代表同數人組成，並按月公告住院及門診費用，以免勞工懷疑限制用藥？

四十四、可否修改「勞工保險醫療準則」，放寬用藥量限制，並增列海員在國外就醫藥量標準及醫藥費給付標準？

四十五、住院申請單目前按千分之六人數發給，可否增加？其工作性質危險者可否按百分之二十至三十發給？

四十六、住院伙食費太少，可否增加？可否刪除三十日之限制？

四十七、可否在勞保條例第五十三條增加「被保險人經門診醫師診斷必須住院者，得憑保險證先行辦理住院手續」？

四十八、疾病給付項目可否增加「每年定期健康檢查」？

四十九、被保險人因疾病不能工作，可否發給補助費？

五十、少數醫院對被保險人住院索取保證金，否則不得住院，應如何改善？

五十一、急病就醫須先門診再住院，需二張門診單，勞保局規定同一病症同一天不得使用二張門診單，應如何改善？

五十二、門診單可否不限於一單一科？

五十三、門診給付有一定限額，超過者卽被刪除，對勞工並無福利可言，可否停辦，而將保險費恢復爲百分之四？

五十四、門診單塡寫時費事，可否比照公保，發給保險證？又：門診單之使用日期限七天內有效，可否改爲塡發當月有效？

五十五、醫藥費給付限制太嚴，可否視病況施藥？

五十六、海員從事遠洋航行，無法享受門診醫療，可否予以補救？

五十七、門診單之發給限制太嚴，數量太少，如碼頭工人之傷害事件多，門診單常不夠用，如何是好？

五十八、無一定雇主之勞工，領門診單極不方便，應如何改進？

五十九、門診單第一聯及未使用之門診單限次月十日前繳還勞保局，職業工人散布太廣，極感困難，應如何改進？

六十、勞保局規定門診不能同時打針服藥，應如何改進？

六十一、一般勞保醫院對門診醫療草率馬虎，應如何改進？

六十二、門診醫療費用受勞保局限制，致勞保醫院有索取多張門診單等不法情事；門診如需特效藥，醫院也予拒絕。應如何改進？

六十三、勞保條例第二十六條但書，老年給付按被保險人退休之當月一日起前三年之平均月給投保工資計算，較條例未修改前給付標準減低，又與同條前段「其他給付以發生保險事故當月一日前六個月之平均月給投保工資計算」相差極大，可否改善？

六十四、內政部規定未滿六十歲自請退休之工人准繼續自費投保至六十歲時申領老年給付，但五十二年十二月又規定以命令退休工人爲限，命令前後不同，影響勞工權益，應如何改進？

六十五、老年給付之年齡可否改爲五十五歲？

六十六、未滿六十歲自請退休者，可否准自費繼續投保至六十歲？

六十七、老年給付可否提高最高額爲七十六個月？

六十八、碼頭工人工作滿二十五年，可否比照礦工准予退休？

六十九、海商法規定海員年滿五十五歲可申請退休，與勞保條例不配合，可否修改勞保條例，規定海員滿五十五歲卽可申領老年給付？

七十、老年勞工如投保十年以上，因投保單位歇業，又無處就業，可否准保留年資，至六十歲時發給老年給付。

七十一、可否比照公保，繳費五年以上退休時卽可發給老年給付？

七十二、坑內礦工可否改爲投保五年，滿五十歲卽可退休？

七十三、老年給付可否訂爲「年金制」與「一次給付制」兩種？

七十四、勞保條例第七十五條可否增加「但被保險人係獨身者，給予喪葬費十個月」？

七十五、被保險人父母死亡給付可否增爲三個月，十歲以上子女死亡給付可否增爲兩個月？

七十六、海員終身航行海外，如因病死亡，可否一律照職業病死亡給付遺屬津貼？

七十七、雇主不爲勞工辦理投保者可否加重處罰，並除限期辦理外，如發生保險事故，應按勞保給付標準加倍由雇主發給？

七十八、對隱藏投保工資以多報少者，已否皆依條例嚴格處罰？

七十九、依照罰則規定，被保險人不按期繳納保險費者應加徵滯納金，但職業工會無法向勞工加收滯納金，只有工會自行負擔，對工會本已拮据之經費更見困難，如何補救？

八十、勞保監理委員會勞方代表可否不少於三分之一？

八十一、勞保條例三十六條規定，被保險人因犯罪行爲而發生保險事故者，概不給予保險給付。可否加「故意」二字？或比照公保仍予給付？

八十二、老年退休、八等級以上殘廢、死亡而有親屬者，其給付可否均改爲年金制？

八十三、公保、勞保、軍保年資可否予以接算？

八十四、保險費率可否按各業危險性重輕分別訂定？

八十五、可否請政府依法撥足百分之八的事務費？

八十六、勞保監理委員會及爭議審議委員會可否增勞工代表？

八十七、現金給付可否請切實依照規定於收到申請後十天內發給？

八十八、計程司機多爲寄行，雇主往往不爲其辦理投保，可否准先由工會辦理投保，俟公司辦理後再予移轉？

八十九、可否比照公保，增加離職退費？

九十、漁民須負擔百分之五十之保險費，負擔何以特重？

提案委員　陶百川　六十一年七月五日

請爲工人「雪中送炭」

「勞工與勞保」序言

本年四月，《自立晚報》連載陳漢墀先生的〈勞保與勞工〉，引起我的共鳴。我在全文登畢後的第二天（四月二十八日），寫了一封信給該報發行人吳三連先生加以讚揚。原文如下：「貴報前載吳豐山先生關於農民問題之長文，效果卓越，影響深遠，良用欽佩。玆又連載陳漢墀先生《勞保與勞工》，痌瘝在抱，資料豐富，應能引起廣大之注意與深切之同情。主管機關近年注重生產，忽略分配，對工商則照顧惟恐不周，對勞工則痛癢不夠關切，例如工人之最低工資，迄今五年仍爲每月六百元，卽其明證」。

從該報吳豐山先生所寫的農民問題，我聯想到一般的工人問題，所以我在信中建議陳先生進一步寫一篇工人問題的專欄。我說：「然工人因環境特殊，力量薄弱，不許亦不能以自力爭取合理合法之待遇（如工作時間及不休假工資等），有賴吾人爲其呼籲正義，主張公道。故陳君如能如吳君之報導農民問題，對勞工問題亦作一般性之調查及報導，必能喚起朝野之注意、關切及改進，則受惠者不獨工人，對國家之生產建設亦有裨益。本院曾因弟之提議及內政委員會之調查，向行政院提供改善勞動條件之意見多項。該會存有資料，可供參考」。

關於勞保問題，我最近也有一些發現。在《中國勞工》月刊所載內政部一個釋示中，我發現勞工保險條例第三十六條規定不很合理，所以我在信中一併提出：「卽以勞保問題而論，除陳君長文報導者外，弟日前發現勞工保險條例第三十六條：『被保險人或其父母、子女、配偶，因犯罪行爲或戰爭變化，以致發生保險事故者，概不給與保險給付。』依此限制，被保險人如果與人互毆被判徒刑或罰金，勞保局對其傷害卽不負醫療之責。但保險法對於一般被保險人或公務員保險條例對於保險之公務人員，則無此限制。此對勞工顯失公平，且不合理。附上弟爲此事致本院秘書長函及周專門委員之意見，請轉致陳君參考。閱後並請擲還」。

像陳君這樣充實的一篇長文及其包含的許多建議，我極希望政府當局予以注意和採納，所以我向吳先生提出這樣一個要求：「又《勞保與勞工》各篇，弟雖一一閱讀，但並未剪存。擬請惠贈全文，俾供研究。如承陳君摘出若干問題，分爲內政部或勞保局有關事項，寄弟整理後轉請內政部或勞保局詳爲查覆，或可促其更加注意，有所改進。不知先生及陳君其有意乎？」

後來承《自立晚報》將全文十二篇都剪送了來，並提出有關各問題的重點。日前我又請一位同人將每一點試與公保作比較，因而格外顯出勞保許多辦法的不合理，我準備提報監察院派員調查，以謀改進。

現在陳漢墀先生將他所寫的勞保問題的文章編成本書，我很樂聞其事，並樂觀其成，因為在此時此地能寫或肯寫這種文章的人實在太少了。因此我也很樂於寫這序言，一以表示我的欽佩和支持，並望有關機關能因此廣開眼界，大發善心，把勞保和其他勞動條件作進一步的改善，庶幾不獨更有益於勞工，也更有利於生產。

六十一年六月六日

陶百川全集

一　開宗明義　橫看側看
二　爲自由呼號
三　爲民主呼號
四　爲法治呼號
五　爲人權呼號
六　爲洗冤白謗呼號
七　爲改革開放呼號
八　爲造勢圖強呼號
九　爲公義私德呼號
一〇　爲端正政風呼號
一一　爲整肅官箴呼號
一二　爲遏制圖利呼號
一三　爲溝通安和呼號
一四　爲兩岸共存呼號
一五　爲三聯統一呼號
一六　臺灣還能更好麼

一七　走向天堂也向地獄
一八　政治緊箍咒與安全瓣
一九　政治十字架
二〇　臺灣經驗源頭活水
二一　臺灣經驗他山之石
二二　臺灣經驗統一大道
二三　臺灣經驗和平演變
二四　訪美觀感
二五　探索美國對華政策
二六　天下大勢冷戰低盪
二七　中國勞動法先聲
二八　三民主義與共產主義
二九　比較監察制度
三〇　監察的新經驗新發展
三一　困勉強狷八十年

百川匯海